헨리 나우웬
1932-1996

Henri J. M. Nauwen

자신의 아픔과 상처, 불안과 염려, 기쁨과 우정을 여과 없이 보여줌으로써 많은 이들에게 영적 위로와 감동을 준 상처 입은 치유자. 누구보다 하나님과의 친밀한 관계를 원했던 그는 하나님을 사랑하는 법과 인간의 마음에 임재하시는 하나님을 발견하고자 애썼다. 매년 책을 펴내면서도 국제적인 강사, 교수, 성직자로서 정신없이 바쁜 행보를 이어갔고, 이러한 그의 삶은 1996년 9월 심장마비로 이 세상을 떠날 때까지 계속되었다.

수많은 강연과 40여 권이 넘는 저서를 통해, 그리고 무엇보다 자신의 삶을 통해 하나님과 직접 교제하는 모범을 보여주었다. 자신의 내면을 들여다보기 위해, 하나님을 사랑하고 그분의 사랑을 받는 법을 배우기 위해, 그래서 그 사랑으로 다른 사람들을 부르기 위해 종종 일터에서 물러났으며, 마침내 안착한 곳은 지체장애자들의 공동체 라르쉬 데이브레이크였다. 신앙은 그의 생명줄이자 요동하는 세상의 유일한 부동점이었으며, 교회는 아무리 결점이 많아도 여전히 소망과 위로를 주는 피난처였다. 데이브레이크 공동체에서 함께 생활했던 수 모스텔러 수녀는 "당신의 고통을 두려워하지 마라, 관계가 힘들 때는 사랑을 선택하라, 서로 하나 되기 위해 상처 입고 쓰라린 감정 사이를 거닐라, 마음으로부터 서로 용서하라"는 것이 헨리 나우웬의 유산이라고 요약했다. 그의 유산은 지금도 살아 있다. 1932년 네덜란드 네이께르끄에서 태어나 1957년에 사제 서품을 받았다. 1966년부터 노트르담 대학교와 예일 대학교, 하버드 대학교의 강단에 섰으며, 1986년부터 데이브레이크 공동체를 섬겼다. 《탕자의 귀향》, 《집으로 돌아가는 길》, 《제네시 일기》, 《데이브레이크로 가는 길》, 《두려움을 떠나 사랑의 집으로》, 《상처 입은 치유자》 등 그의 책 대부분이 국내에 번역, 소개되었다.

이지혜

연세대학교 영어영문학과를 졸업하고, 한국기독학생출판부(IVP)에서 근무했다. 영국 옥스퍼드 브룩스 대학교에서 출판을 공부하고, 현재는 프리랜서 번역가와 출판기획자로 활발히 활동하고 있다. 옮긴 책으로 《지금 머물러 있는 곳을 더욱 사랑하라》, 《일상에 깃든 하나님의 손길》, 《아버지의 빈자리》, 《최고의 설교》, 《죽음을 배우다》, 《고양이 오스카》 등이 있다.

궁휼을 구하는 기도

A CRY FOR MERCY

긍휼을 구하는 기도

헨리 나우웬
이지혜 옮김

포이에마

긍휼을 구하는 기도

헨리 나우웬 지음 | 이지혜 옮김

1판 1쇄 인쇄 2014. 8. 22 | **1판 1쇄 발행** 2014. 9. 1 | **발행처** 포이에마 | **발행인** 김도완 | **책임 편집** 이은진 | **책임 디자인** 정지현 | **제작** 안해룡, 박상현 | **제작처** 미광원색사, 정문바인텍, 금성엘엔에스, 대양금박 | **등록번호** 제300-2006-190호 | **등록일자** 2006. 10. 16 | 서울특별시 종로구 북촌로 63-3 우편번호 110-260 | 마케팅부 02)3668-3246, 편집부 02)730-8648, 팩시밀리 02)745-4827

값은 뒤표지에 있습니다. ISBN 978-89-97760-87-9 03230 | 독자의견 전화 02)730-8648 | 이메일 masterpiece@poiema.co.kr | 좋은 독자가 좋은 책을 만듭니다. | 포이에마는 독자 여러분의 의견에 항상 귀를 기울이고 있습니다.

이 도서의 국립중앙도서관 출판시도서목록(CIP)은 서지정보유통지원시스템 홈페이지(http://seoji.nl.go.kr)와 국가자료공동목록시스템(http://www.nl.go.kr/kolisnet)에서 이용하실 수 있습니다. (CIP제어번호: CIP2014023491)

사실 우리가 드리는 기도는 기도할 수 없다는 고백에 불과하다.
그러나 그 서툰 고백을 통해
우리를 긍휼히 여기시는 하나님의 임재를 느낄 수 있다.

1979년 2월부터 8월까지 뉴욕 주에 있는 제네시 수도원에서 트라피스트 수도사들과 함께 지냈다. 그때가 처음은 아니다. 1974년에도 7개월 동안 그곳 수도원에서 함께 생활한 적이 있다. 당시에는 관상 수도원이 처음이라서 그곳 생활이 매우 낯설게 느껴졌다. 매일 새로운 세계에 맞닥뜨리는 것이나 다름없었다. 새벽 2시에 일어나서 저녁 7시에 잠자리에 드는 생활에 익숙해져야 했다. 빵 구울 때 달궈진 팬 잡는 법, 건포도 통에서 돌멩이 가려내는 법, 새 교회 건물에 어울리는 적절한 돌 찾는 법도 배워야 했다. 하지만 무엇보다도 긴 기도와 명상 시간, 공동생활에 익숙해져야 했다. 트라피스트 수도사가 될 생각은 없었지만, 그 시간이 내게는 마치 수련 기간과도 같았다. 존 유드 뱀버거 수도원장에게 개인 지도를 받으며 지낸 7개월 은 진정한 영성을 형성하는 시간이었다. 내면과 외면의 변화 가 너무나 커서 이 새로운 경험을 정리하기 위해 일기를 써야 겠다는 생각이 강하게 들었다. 학교로 돌아와 일기장에 긁적인 글을 친구들에게 보여주었다. 그리고 그곳에서의 경험이 내 생각만큼 아주 특별한 것은 아니라는 사실을 깨달았다. 많은 사람이 나와 비슷한 고민을 하고 있었다. 그런 깨달음 때문에《제네시 일기》를 출판하기로 했다.

두 번째 방문은 첫 번째 때와는 완전히 달랐다. 수도원 생활이 더는 낯설거나 놀랍지 않고 아주 친근하게 다가왔다. 첫 방문 때 낯설게 느껴지던 것이 이제는 습관처럼 익숙했다. 모든 것이 그대로였다. 도착한 지 얼마 되지 않아 뜨거운 오븐 앞에 섰다. 금요일 오전에는 건포도 통을 관리하는 시어도어 형제가 마치 어제 보고 오늘 또 보는 사람처럼 나를 맞았다. 따로 안내나 교육을 받을 필요가 없었다. 똑같은 사람, 똑같은 방식, 똑같이 기분 좋은 분위기가 나를 감쌌다. 변한 것은 아무것도 없었다. 그렇다고 무료하거나 지루하지도 않았다. 오히려 익숙한 사람과 익숙한 공간, 익숙한 일 덕분에 이런저런 설명을 듣는 과정을 생략하고 오로지 수도원에 온 목적에만 집중할 수 있었다. 그 목적은 바로 기도 가운데 하나님과 교제하는 거였다. 수도원 생활은 예전과 다름없이 한결같은 리듬으로 흘러갔다. 그 한결같은 리듬에, 내가 다시 돌아와 주님과 단둘이 더 많은 시간을 보내기를 원하시는, 사랑하는 주님의 한결같음이 떠올랐다. 너무나 친근해진 이곳에 발을 디딘 순간부터 주님 한 분 외에는 여섯 달 동안 나를 이곳에 붙들어 둘 것이 아무것도 없다는 사실을 깨달았다. 일기를 쓸 필요도 없고, 수도원에서 겪는 일상이나 일주일에 한 번 수도원장과 나누는 대화를 기록할 필요도 없었다. 그런 것이 중요하지 않다는 말이 아니다. 숨 쉬는 것만큼이나 중요해서 매일 따로 언급할 필요가 없다는 말이다.

기도 외에는 내가 이곳에 머물 이유가 없다는 사실을 깨닫자 최소한 하루에 하나씩 기도를 글로 기록하는 것도 좋은 훈련

이 되지 않을까 하는 생각이 들었다. 처음에는 반신반의하는 마음이 컸다. 글로 옮기기에 나와 주님과의 관계는 너무 개인적인 것이 아닌가? 인간이 할 수 있는 가장 거룩한 표현인 기도가 마음속에서 자연스럽게 흘러나오게 놔두어야 하는 건 아닐까, 남의 시선을 의식하기 쉬운 글쓰기로 기도를 제한해도 될까? 글쓰기가 기도를 더 어렵게 만들지는 않을까? 이런 의문이 아주 현실적으로 다가왔지만, 하루 일과를 마치고 자리에 앉아 그 순간 마음에서 우러나오는 기도를 단순한 글로 기록하는 것도 가치가 있을 거라는 직감을 따르기로 했다. 이 책에 선별한 기도가 바로 그 결과물이다.

이 책은 누군가에게 기도하는 법을 가르치거나 기도 방식을 제안하기 위해 쓴 것이 아니다. 이 책을 내는 이유는 여기에 실린 서툴고 힘없는 기도가 변하지 않는 인도자로서 우리 주님이 우리에게 약속하신 성령의 강력하고 실제적인 임재를 보여주기 때문이다. 그러므로 여기에 실린 기도를 읽으며 그 가운데서 여러분의 마음속에서 똑같이 솟구치는 간구를 발견한다면, 자꾸만 끊기고 더듬거리는 여러분의 기도 속에서 여러분을 위해 조용히 간구하시는 성령 또한 발견하기를 간절히 바란다.

이 기도를 쓰고 일 년쯤 지나 각 장에 짧은 서문을 덧붙였다. 거기에는 각 장의 주제와 여섯 달 동안 수도원에서 지내며 겪은 변화를 기록했다. 이 서문이 뒤에 이어지는 기도를 조금 더 깊이 이해하는 데 도움이 되기를 바란다.

A Cry For Mercy

두 려 워 하 는 마 음

2월
—
3월

우리 안에는 두려움이 많다. 사람을 두려워하는 마음, 하나님을 두려워하는 마음, 딱히 규정하기는 어렵지만 내면을 어지럽히는 불안감. 이런 두려움이 기도를 방해하는 가장 큰 장애물은 아닐지도 모른다. 그러나 하나님 앞에 서는 순간 우리 안에 있는 거대한 두려움의 저수지를 자각하면, 바쁘게 돌아가는 번잡한 세상 속으로 도망치고 싶어진다. 하지만 두려움을 겁낼 필요는 없다. 두려움과 대면하고, 말을 건네고, "내니 두려워 말라" 하고 말씀하시는 주님 앞에 두려움을 내려놓을 수 있어야 한다. 우리는 스스로 편안하게 느끼는 것만 주님께 보여드리려는 경향이 있다. 그러나 불안하고 연약한 자아를 주님 앞에 더 많이 내려놓을수록 두려움을 몰아내는 주님의 온전한 사랑을 더 많이 느낄 수 있다.

앉은뱅이를 고치기 전에 먼저 그의 죄를 용서하신 주 예수 그리스도시여. 기도하오니, 이 6개월의 피정 기간에 주님의 용서는 더 많이 깨닫게 하시고, 사람들에게 잘 보이고 싶어 하는 마음은 줄이게 하소서. 주님이 내주하사 치유하시는 저의 마음 깊은 곳, 순결한 그곳에서 주님을 알아보게 하소서. 저를 가르치고 인도하길 원하시는 주님을 저의 온 존재로 경험하게 하소서. 주님은 저의 죄에도 불구하고 저를 미워하지 않으시고 오히려 부드럽게 어루만지시는 사랑의 주님이심을 저로 하여 알게 하소서. 주님을 온전히 섬기지 못하게 하는 수많은 두려움과 의혹과 의심을 거두어주시고, 측량할 수 없는 주님의 긍휼을 확신하며 벌거벗고 연약한 모습으로 주님의 임재 앞에 설 수 있는 용기와 자유를 주소서.

제가 얼마나 반항이 심하고 빛 대신 어둠을 택하길 좋아하는지 잘 압니다. 하지만 주께서 저를 끊임없이 빛 가운데로 부르

고 계신 것도 압니다. 그 빛 가운데서 저의 죄뿐 아니라 주님
의 자비로운 얼굴을 봅니다. 이 공동체에 거하는 매일 매시간
함께하셔서 저로 하여금 이곳 형제들에게 진정한 희망의 표
지가 되게 하소서. 제가 그런 존재가 될 수 있는 것은 제가 그
럴 만한 사람이어서가 아니라 주님이 제 안에서 행하시는 일
때문입니다. 오, 주님. 저를 이곳으로 불러주시고 인생길에서
주님을 만날 수 있는 기회를 다시금 허락해주셔서 감사합니
다. 지금부터 영원까지 영광과 찬양을 받으소서. 아멘.

2월 19일
월요일

오, 주님. 마음을 주님께 향하기가 왜 이리도 어려울까요? 온전히 주님과만 함께하는 이 시간에도 하고 싶은 사소한 일과 다른 이들에 대한 생각이 마음을 가득 채웁니다. 왜 저의 마음은 이리도 여러 갈래로 나뉘어 방황하고, 허탄한 길로 이끄는 것들을 갈망할까요? 주님만으로 부족하다고 생각하는 걸까요? 주님의 사랑과 돌보심, 긍휼과 은혜를 끊임없이 의심하는 저의 모습을 봅니다. 주님께 시선을 고정하면 모든 필요를 채워주신다는 사실을 내심 끊임없이 의심하고 있는 걸까요?

저의 주의를 흩뜨리는 것들, 피로와 짜증, 불신에서 비롯된 방황을 받아주소서. 제가 저를 아는 것보다 주님이 저를 더 깊이, 온전히 아십니다. 주님은 제가 저를 사랑하는 것보다 더 크신 사랑으로 저를 사랑하십니다. 혼란과 슬픔에 빠진 저를 돌아보아 주소서. 이 모든 혼란 속에서 주님의 임재를 느끼게 해주소서. 제가 할 수 있는 일은 주님께 저를 보여드리는 것뿐이지만, 주님이 저를 거절하실 것 같아 두렵기도 합니다. 하지만 주님이 저에게 사랑을 베풀고 싶어 하신다는 사실을 압니다. 주님은 제가 절망 속에서 주님의 얼굴을 피해 숨거나 주님에게서 도망치고, 주님이 무자비한 폭군인 것처럼 행동하는 것을 원하지 않으시는 것도 압니다.

저의 곤한 육신과 혼란스러운 마음과 불안한 영혼을 거두어주시고 고요한 쉼을 주소서. 너무 과한 바람일까요? 그 점은 염려하지 않으렵니다. 주님이 알려주시겠지요. 오소서, 주 예수여, 오소서. 아멘.

오, 주님. 오늘은 극한 두려움을 느꼈습니다. 두려움이 저를 완전히 장악한 것만 같았습니다. 평화도 안식도 없고 그저 두렵기만 했습니다. 신경쇠약에 걸릴까 봐 두렵고, 인생을 잘못 살까 봐 두렵고, 거절과 정죄가 두렵고, 주님이 두려웠습니다. 오, 주님. 두려움을 극복하는 게 왜 이리도 어려울까요? 주님의 사랑이 제 안에 있는 두려움을 몰아내도록 내어맡기는 것이 왜 이렇게도 어려울까요? 몸을 움직여 일하는 동안에는 잠시나마 극심한 두려움이 조금 사라지는 듯했습니다.

이 두려움을 극복하기 위해 제가 할 수 있는 일은 아무것도 없습니다. 어쩌면 이것이 저로 하여금 두려움에 떠는 세상의 모든 사람과 연대감을 느끼게 하시는 주님의 방식인지도 모르겠습니다. 혹독한 겨울날 굶주리고 추위에 떠는 사람, 예상치 못한 게릴라의 공격에 위협을 느끼는 사람, 교도소와 정신병원과 병원에 있는 사람. 오, 주님. 이 세상에는 두려움이 넘칩니다. 저의 두려움을, 두려워하는 사람들을 위한 기도로 바꿔주소서. 저의 기도를 통해 다른 이의 마음을 가볍게 하소서. 그러면 저의 어두움이 다른 사람의 빛이 되고, 저의 내면의 고통이 다른 사람을 치유하는 샘이 될 수 있습니다.

오, 주님! 주님도 두려움을 아셨고 깊이 번뇌하기도 하셨습니다. 그 두려움이 땀과 눈물로 나타났습니다. 오, 주님. 저의 두려움이 주님의 두려움의 일부가 되게 하소서. 그리하여 저를 어두움 대신 빛으로 인도하시고, 주님의 십자가가 주는 소망을 새롭게 깨닫게 하소서. 아멘.

오, 주님. 오늘 하루로 인해 감사합니다. 주님의 임재도 느끼지 못하고, 목소리도 듣지 못하고, 다정한 얼굴도 보지 못했지만, 단 몇 시간이라도 어제의 들끓던 두려움이 사라졌습니다. 주방에서 보낸 고요한 시간과 저의 방과 교회에서 보낸 고요한 시간에 감사합니다. 잠시나마 생각하고 책을 읽고 기도할 수 있었고, 언젠가는 평화와 기쁨을 다시 느낄 수 있지 않을까 하고 잠시 상상도 해볼 수 있었습니다. 오, 주님. 이 좋은 것에 감사합니다. 사람이 어떻게 주님을 알 수 있는지, '주님을 아는 것'에 대해 읽었습니다. 머리로 이해한 내용이 언젠가는 가슴으로 내려와 내면에 빛을 비춰주기를 기도합니다.

오, 주님. 고요한 어둠 속에서 주님을 부릅니다. 주님의 자비와 사랑을 보여주소서. 주님의 얼굴을 보고, 목소리를 듣고, 옷자락을 만지게 하소서. 주님을 사랑하고 싶습니다. 주님과 함께하고 싶습니다. 주님과 대화하며 주님의 임재 안에 그저서 있기 원합니다. 하지만 저는 할 수 없습니다. 손을 모으고 두 눈을 감는다고 해서 기도가 아닙니다. 주님의 임재에 대한 글을 읽는다고 해서 그 임재 안에 살지는 못합니다.

그러나 무서워하는 제자들에게 하셨듯이 저에게도 찾아오셔서 "내니 두려워 말라" 하고 말씀하실 줄 믿습니다. 오, 주님. 그 순간이 하루 속히 오기를 기도합니다. 혹여 더디 오신다면 제가 인내할 수 있게 도와주소서. 아멘.

주님, 이 기간을 정화의 시간으로 삼으시려는 건가요? 저를
얽어매고 있는 것이 무엇인지 확인하고 그것을 떨쳐낼 수 있
는 용기를 주시는 시간으로 삼으시려는 건가요? 저를 가두고
있는 감옥이 무엇인지 확인하고 그곳에서 탈출할 수 있는 기
회로 삼으시려는 건가요?

존 유드 뱀버거는 이렇게 말했습니다. "지금은 정화의 시간입
니다. 주님과의 모호한 관계와 주님을 대하는 이중적인 태도
를 인정하고, 결단을 내리고 나아갈 방향을 정해야 할 시간입
니다." 주님, 저에게 이 말씀을 들려주신 분은 주님이십니다.
제가 주님의 교회를 믿고 그 교회의 이름으로, 또 주님의 이름
으로 말하는 음성을 믿으니, 제가 이곳에 머무는 이유를 알려
주신 분은 주님이십니다.

"확인하고 선택하라."

또한 주님은 "기도하고 싶은 마음이 들지 않을 때에도 기도하라"고 말씀하셨습니다. 네, 주님. 주님의 얼굴과 저의 모습을 대면하기 두려울 때에도, 졸음이 쏟아지거나 중언부언하는 것처럼 느껴질 때에도, 아무 일도 없는 것 같을 때에도 기도에 힘쓰겠습니다. 네, 주님. 다른 사람과 함께 있을 때나 성가대의 찬양이 흘러나올 때뿐 아니라 주님과 단둘이 있을 때에도 기도하겠습니다. 주님, 더 이상 두려워하지 않겠습니다. 저에게 용기와 힘을 주소서. 긍휼히 여기시는 주님의 빛 안에서 저의 모습을 직시하게 하시고 주님을 선택하게 하소서. 아멘.

2월 28일
재의 수요일

오, 주님. 이 수도원에서 사순절을 보낼 수 있으니 얼마나 큰 은혜인지 모릅니다. 속죄와 금식, 기도를 외면한 채 이 기간을 보낸 적이 얼마나 많은지요? 사순절을 인식하지 못한 채 이 시간이 허락하는 성령의 열매를 놓친 적이 얼마나 많은지요? 사순절을 지키지 않고 어떻게 부활절을 제대로 기념할 수 있을까요? 주님의 죽음에 동참하기를 회피하고 어떻게 주님의 부활을 온전히 기뻐할 수 있을까요?

네, 주님. 저는 주님과 함께, 주님을 통해, 주님 안에서 죽어야 합니다. 그래야 부활하신 주님이 모습을 드러내실 때 주님을 알아볼 수 있을 테니까요. 잘못된 집착, 탐욕과 분노, 조바심과 인색함. 제 안에는 죽어야 할 것이 너무도 많습니다. 오, 주님! 저는 저밖에 모르고, 제 자신과 저의 경력, 저의 미래, 저의 이름과 명성에만 신경을 씁니다. 저에게 유리한 방향으로 주님을 이용하는 것처럼 느껴질 때도 있습니다. 얼마나 터무

니없고 불경스럽고 서글픈 일인지요! 하지만 주님, 그것이 사실입니다. 주님에 대해 이야기하고 주님에 대해 글을 쓰고 주님의 이름으로 행한다면서 사실은 저의 영광과 성공을 위해 그리했습니다. 주님의 이름 때문에 박해와 탄압과 거절을 당하는 대신 오히려 상을 받았습니다. 제가 주님과 함께 죽지 못한 것을, 주님의 길로 행하지 못하고 주님에게 충실하지 못한 것을 이제야 똑똑히 알겠습니다.

오, 주님. 이번 사순절은 여느 해와는 다르길 원합니다. 주님을 다시 찾게 해주소서. 아멘.

내가 두려워하는 날에는

내가 주를 의지하리이다.

내가 하나님을 의지하고

그 말씀을 찬송하올지라.

내가 하나님을 의지하였은즉

두려워하지 아니하리니

혈육을 가진 사람이 내게

어찌하리이까.

시 56:3-4

사랑하는 주님, 공의로우신 주님! 주님은 의로운 삶을 사셨습니다. 하나님께서 세상을 창조하시고 죄인에게 긍휼을 베푸신 것은 모두 예수 그리스도의 희생 때문임을 압니다. 주님, 제가 무엇이라고 주님의 사랑과 보호와 자비를 기대합니까? 제가 무엇이기에 주님의 마음과 집과 나라에 저의 자리를 마련해 주셨습니까? 주님, 제가 무엇이라고 주님의 용서와 우정과 포용을 기대합니까?

그런데도 저는 그것을 기다리고 기대하고 의지하기까지 합니다. 제가 잘해서가 아니라 오로지 주의 크신 긍휼 때문입니다. 주님은 우리를 위해 하나님을 기쁘시게 하는 삶을 사셨습니다. 오, 주님! 주님은 공의로우시고 복되시고 사랑이 많으시고 의로우시고 긍휼이 풍성하신 분입니다.

하나님 아버지, 모든 백성의 아버지, 우리를 창조하시고 날마다 붙드시는 그분이 저에게서 주의 흔적을 보시고, 주님 때문에 저를 받아주시기를 기도합니다. 주님을 따를 수 있게, 저의 삶이 주님의 삶과 하나 되게, 주님의 사랑을 본받을 수 있게 도와주소서. 아멘.

오, 주님. 저의 기도를 들어주소서. 주님과 함께하고 싶고, 주
님의 집에 머물고 싶고, 온 존재가 주님의 임재로 충만하기를
바라는 이 소원을 들어주소서. 주님 없이는 아무것도 할 수 없
습니다. 주님이 채워주지 않으시면, 저를 흐트러뜨리고 주님
에게서 멀어지게 하는 끝이 없는 생각과 염려가 순식간에 저
를 가득 채웁니다. 주님이 주신 생각이 아니라면, 주님에 대한
생각과 건전한 영적 사고조차도 방해거리에 지나지 않습니다.

오, 주님! 주님을 생각하는 것, 신학 사상과 토론에 매료되는
것, 기독교 영성의 역사에 흥분하고 기도와 묵상에 대한 사고
와 생각에 자극을 받는 것, 이 모두가 음식과 재물과 권력에
대한 걷잡을 수 없는 욕망처럼 탐욕의 표현에 지나지 않을 수
도 있습니다.

주님만이 저에게 기도를 가르쳐주시고, 마음에 진정한 쉼을

주시며, 주님의 임재 안에 거하게 하실 수 있음을 날마다 다시금 확인합니다. 그 어떤 책과 사상, 개념과 이론도 주님이 허락하시지 않는 한 저를 주님 곁으로 이끌지 못합니다.

주님, 제가 주님의 인도하심에 마음을 활짝 열게 하소서. 주님이 오셔서 제가 세운 모든 벽을 무너뜨릴 그 시간을 기대하며 인내심 있게 기다리게 하소서. 오, 주님. 저에게 기도하는 법을 가르쳐주소서. 아멘.

오, 주여, 주를 찬양하고 주께 감사하고 주를 경배하게 하소서. 기도가 혼란스러운 감정과 기분을 돌아보는 성찰로 바뀔 때가 너무도 많습니다. 기도하다가 불평만 장황하게 늘어놓거나 사람과 사건에 관한 그칠 줄 모르는 생각 때문에 집중력이 흐트러질 때가 너무도 많습니다. 오, 주님. 왜 저는 저를 주님에게서 멀어지게 하는 것에 이리도 집착할까요? 주님은 모든 선과 아름다움과 사랑의 근원이십니다. 주님은 저를 찾아오시고 교회의 삶을 통해 주님의 삶으로 저를 끌어올리셔서 주님의 긍휼을 보여주셨습니다. 그런데도 저는 여전히 마음을 짓누르는 다른 문제가 주님보다도 더 관심을 쏟아야 할 것이라도 되는 것처럼 살고 있습니다.

이 힘든 싸움 속에서 주님을 마음 중심에 모시게 도와주소서. 기도할 수 있는 은혜를 주소서. 제가 어떻게 자신을 속이고 있는지 분명히 보여주시고, 그런 통찰을 따를 수 있는 힘을 주소서. 오, 주님. 무엇보다도 주님 안에서 주님을 통해 저의 사소한 염려가 모두 해결된다는 사실을 깨닫게 하소서. 주님은 제가 주님과 주님의 나라에 집중할 때 그 모든 문제를 해결해주신다는 사실을 믿으라고, 저에게 말씀하십니다.

오, 주님. 주님의 길을 가르쳐주소서. 아멘.

3월 10일
토요일

오, 주님. 시간이 참 빠르게 지나갑니다. 몇 해 전에 저를 온통 사로잡았던 사건은 이제 희미한 기억에 불과하고, 몇 달 전에 저의 삶에서 가장 중대했던 갈등은 이제 별 의미가 없습니다. 몇 주 전에 저를 잠 못 이루게 했던 내면의 혼란은 이제 흘러가버린 낯선 감정에 불과하고, 며칠 전에 저를 감동시킨 책은 이제 그다지 중요하게 생각되지 않습니다. 불과 몇 시간 전에 마음을 사로잡았던 생각이 이제 그 힘을 잃고 다른 생각에 밀려납니다.

왜 이런 통찰에서 교훈을 얻기가 이리도 어려울까요? 왜 끊임없이 절박감과 긴박감에 사로잡혀 있을까요? 주님은 영존하시고, 주님의 나라는 영원하며, 주께는 천 년이 하루 같다는 사실을 왜 알지 못할까요? 오, 주님. 주님의 임재 안에 들어가 그 영원하고 무한한 사랑을 맛보게 하소서. 시간에 매인 염려와 두려움, 집착과 걱정을 내려놓고 싶습니다. 주님은 말씀하셨습니다. "너희는 먼저 그의 나라와 그의 의를 구하라. 그리하면 이 모든 것을 너희에게 더하시리라"(마 6:33). 시간에 매인 모든 것은 주님이 제가 있기를 원하시는 곳, 그 영원한 사랑의 자리에서 바라볼 때 비로소 진정한 의미가 드러날 것입니다.

주여, 주의 길을 가르치시고, 그 길을 따를 수 있는 용기를 주소서. 아멘.

오, 주님. 순결한 마음을 주셔서 거룩한 예배 가운데 주님을
보고 듣게 하소서. 시편을 노래하면서도 귀먹은 상태일 때가
얼마나 많은지요! 떡과 포도주를 보면서도 눈먼 상태일 때가
얼마나 많은지요! 오, 주님. 주님은 저를 왜 그리 오래 기다려
산 위로 데려가시고, 변화된 주님의 모습을 보여주시고, 거기
서 들려오는 말씀을 듣게 하십니까?

압니다. 저의 마음은 순결하지 않습니다. 이기적인 욕망과 복
잡한 생각과 병적인 자기반성으로 가득 차 눈멀고 귀먹었습
니다. 제 앞에 나타나 말씀하고 싶어 하시는 주님을 보지 못하
고 듣지 못합니다. 주님, 진심으로 보기 원합니다. 하지만 마
음을 정결하게 하려는 그 어떤 노력도 소용이 없고, 덫에 걸려
몸부림칠수록 더 옴짝달싹 못하는 느낌이 들 때가 많습니다.

오, 주님. 이 덫에서 저를 구원하실 분은 주님뿐입니다. 저의

손을 잡고 산으로 인도해주소서. 마음을 정결하게 하시고 주님의 빛을 보여주소서. 성공을 바라지 않습니다. 주님의 음성을 들을 수 있는 말씀과 주님을 경험할 수 있는 떡과 포도주를 저에게 주셨기 때문입니다. 오, 주님. 이제 오소서. 주님의 임재에 저의 오감을 엽니다. 주님이 계신 곳에서 주님을 알아보게 하소서. 아멘.

오, 주여. 주님 외에 제가 또 누구를, 무엇을 바라겠습니까? 주
님만이 저의 주님이시고 마음과 생각과 영혼의 주인이십니다.
저를 속속들이 아시는 주님! 주님 안에서 주님을 통해 만물이
그 기원과 목적을 찾습니다. 주님은 모든 존재를 품고 거룩한
사랑과 긍휼로 돌보십니다. 그런데도 왜 저는 끊임없이 주님
밖에서 행복과 만족을 얻으려 할까요? 주님과의 관계를 다른
모든 관계의 기반이 되는 유일한 것으로 여기지 않고, 여러 관
계 중 하나로 취급하려 할까요? 왜 인기나 다른 이의 존경, 성
공, 칭송, 감각적인 쾌락을 찾아 끊임없이 헤맬까요? 주님, 주
님을 유일한 주인으로 모시는 것이 왜 이렇게 어려울까요? 왜
이리도 주님께 전적으로 항복하기를 주저할까요?

오, 주님! 옛 자아가 죽도록, 거짓 자아를 만들어 거짓 욕망에
집착하려 애쓰는 크고 작은 방법이 죽도록 도와주소서. 주님
안에서 거듭나 주님을 통해 제대로 세상을 보게 하시고, 모든

행동과 말과 생각이 주님을 찬양하는 노래가 되게 하소서. 옛 자아가 죽고 예수 안에서 새 생명을 얻는 이 험한 길을 가는 동안 주님의 긍휼과 은혜가 필요합니다. 이것이 자유로 가는 길임을 알고 또 믿습니다. 주님, 불신을 떨쳐내고 주님을 신뢰하는 친구가 되게 하소서. 아멘.

내가 여호와께 간구하매 내게 응답하시고

내 모든 두려움에서 나를 건지셨도다.

그들이 주를 앙망하고 광채를 내었으니

그들의 얼굴은 부끄럽지 아니하리로다.

시 34:4-5

3월 17일
토요일

오, 주 예수님. 주님이 아버지께 하신 말씀은 침묵 속에서 태어났습니다. 저를 그 침묵으로 이끌어 주님의 이름으로 말하게 하시고, 그 말이 열매를 맺게 하소서. 침묵은 너무도 어렵습니다. 입을 다무는 것도 어렵지만, 마음의 침묵을 지키는 것은 더 어렵습니다.

제 안에는 너무나 많은 말이 오갑니다. 친구와 원수, 지지자와 반대자, 동료와 경쟁자, 그리고 제 자신과 늘 마음속으로 논쟁하는 기분입니다. 이런 내면의 논쟁은 저의 마음이 얼마나 주님으로부터 멀리 떨어져 있는지를 잘 보여줍니다.

주님 발아래에서 잠잠히 주님의 소유임을 깨닫는다면, 실제로든 상상으로든 그동안 해왔던 주변 사람과의 논쟁을 금세 멈출 것입니다. 이 논쟁은 제 안의 두려움과 불안을 보여주고, 인정과 관심을 받고 싶어 하는 욕구를 여실히 드러냅니다. 오,

주님. 제가 입을 닫고 주님께 귀 기울일 때 관심을 기울이시고, 제가 잠잠할 때 말씀하시고 주님의 사랑을 보여주실 것을 압니다. 오, 주님! 저로 침묵하게 하소서. 인내하며 침묵 속에 들어가 주님과 함께하기를 원합니다. 아멘.

3월 18일
일요일

살아 계신 하나님의 아들 주 예수 그리스도시여, 이 죄인에게 긍휼을 베푸소서. 저는 다른 사람보다 기도와 명상과 관상에 대해 잘 압니다. 가끔 저의 영적 통찰에 감탄할 때도 있습니다. 그리스도인의 삶에 대한 책도 많이 읽고 또 직접 쓰기도 했습니다. 하지만 이런 사실보다 놀라운 것은 저의 통찰과 실제 삶의 크나큰 간극입니다. 마치 거대한 협곡 한편에서 어떻게 주님께 가까이 갈 수 있는지, 어떻게 주님의 임재 안에 살며 주님을 섬길지 탐구하면서도 막상 주님이 계신 맞은편에는 닿지 못하는 형국입니다.

맞은편을 건너다보며 목격한 아름답고 선한 삶에 대해 강연도 하고 글도 쓰고 설교도 하고 토론도 합니다. 오, 주님! 어떻게 하면 제가 주님 계신 그곳에 닿을 수 있을까요? 가끔은 눈이 더 밝아질수록 계곡의 깊이만 더 눈에 들어오는 것 같아 고통스럽습니다. 협곡의 다른 편에서 죽기만을 기다릴 운명인가요? 정작 자신은 약속의 땅에 들어가지 못하고, 다른 사람이 그곳에 들어갈 수 있도록 격려만 할 운명인가요? 때로는 저의 통찰력과 재능에 갇혀 있는 기분입니다. 주님, 주님만이 오셔서 저를 구원하실 수 있습니다. 제가 할 수 있는 일이라고는 스스로 믿음이 없다고 느끼는 순간에도 신실하려고 애쓰는 것뿐입니다. 주위가 온통 어둠뿐이라고 느낄 때 계속 기도하는 것 외에 제가 무엇을 할 수 있을까요? 아무 감각이 없을 때 주님에 대해 계속 글을 쓰는 것 외에 무엇을 할 수 있을까요? 세상에 혼자인 것 같을 때 주님의 이름으로 계속 말하는 것 외에 무엇을 할 수 있을까요? 주 예수여, 오소서. 속히 오소서. 오셔서 이 죄인에게 긍휼을 베푸소서. 아멘.

긍휼을 구하는 기도

하나님의 긍휼은 우리의 죄보다 크다. 죄를 깨달을 때 하나님께 나아가지 못하고 자신에게만 사로잡힐 때가 있다. 우리가 저지른 죄와 실패에 사로잡히고 너그럽지 못한 자신의 모습에 압도당해서 이러지도 저러지도 못하는 죄책감에 갇혀버릴 때가 있다. 죄책감은 우리에게 "나의 죄가 너무 커서 하나님의 은혜를 받을 자격이 없어" 하고 말한다. 죄책감은 우리로 하여금 하나님을 바라보게 하기보다는 자기비판에 몰두하게 한다. 하나의 우상이 되어 교만의 형태를 띠는 것이 바로 죄책감이다. 사순절은 이런 우상을 깨뜨리고 사랑하는 주님께만 오롯이 집중하는 시간이다. 이제 우리가 던질 질문은 하나다. "우리는 자기 죄에 사로잡혀 하나님의 긍휼을 믿지 못하고 스스로 목숨을 끊은 유다와 같은 자인가, 아니면 자기 죄를 애통하며 회개하고 주님께 돌아간 베드로와 같은 자인가?" 겨울과 봄이 다투는 사순절 기간은 아주 특별한 방식으로 우리가 하나님의 긍휼을 구하도록 도와준다.

사랑하는 주님, 봄이 시작되게 하시니 감사합니다. 사순절을 지내며 부활절이 다가오는 것을 느낍니다. 해가 길어지고 눈이 녹고 햇살은 따스함을 머금고 새가 노래합니다. 어젯밤 기도 시간에는 고양이가 우는 소리도 들렸습니다. 자연은 봄이 왔다고 알립니다. 오, 주님. 오늘 밤 저는 주님이 사마리아 여인에게 하시는 말씀을 들었습니다. "내가 주는 물을 마시는 자는 영원히 목마르지 아니하리니 내가 주는 물은 그 속에서 영생하도록 솟아나는 샘물이 되리라"(요 4:14). 몇 시간, 며칠, 몇 주간이고 묵상할 가치가 있는 실로 놀라운 말씀입니다. 부활절을 준비하면서 이 말씀을 계속 간직하겠습니다.

주님, 주님이 주시는 물은 솟아나는 샘물이니, 주님의 선물을 나누어주는 것에 인색할 필요가 없습니다. 저의 중심에서 막힘없이 샘물이 흘러 나와 원하는 사람은 누구나 마실 수 있습니다. 갈증을 해소하러 온 사람들이 제 안에서 이 샘을 발견합니다. 그러나 주님, 저는 제 안에 샘이 있다는 사실을 의심할 때가 많습니다. 샘이 마르거나 모래로 막혀버릴까 봐 두려울 때도 많습니다. 하지만 제가 믿지 못할 때에도 남들은 제 안에 샘이 있다는 사실을 믿습니다.

오, 주님! 이 봄날에 제 안에 있는 샘이 저의 기쁨이 되게 하소서. 소망이요 구원자이신 주님! 아멘.

오, 주님. 주님이 그토록 사랑하셔서 그 일부가 되어 온전히 체험하기 원하셨던 이 세상이 고통 속에 있습니다. 세상에는 크고 작은 고통이 가득합니다. 저의 어린 조카 프레드릭은 안면 수술을 받고 병원에서 회복 중입니다. 아버지는 어머니 없이 처음으로 여행하면서 어머니의 빈자리를 실감하고 있습니다. 외로워하는 수도사의 고통, 일자리를 찾지 못하는 학생의 고통, 억압받는 브라질 마토 그로소 인디언의 고통과 그들을 도와주려 애쓰는 주교와 사제, 수녀의 고통이 있습니다. 군비 경쟁을 저지하려다 낙담한 많은 사람의 고통, 재소자의 고통, 굶주린 사람의 고통, 그리고 겉으로는 행복해 보이지만 내면의 고통과 죄책감, 수치심, 자기 회의, 불안감을 어쩌지 못해 괴로워하는 많은 사람의 고통이 있습니다.

오, 주님. 주님의 세상이 고통 속에 있습니다. 긍휼이 풍성하신 하나님, 주님은 우리의 고통을 나누어지려고 오셨습니다.

부디 주의 백성에게 희망과 용기, 힘과 믿음을 주소서. 우리 주변에 만연하고 가끔은 내면까지도 장악하는 악한 세력에 무너지지 않게 하소서. 악한 세력을 우리에게서 몰아내시고, 빛과 생명이요 진리이며 선하신 주님, 무엇보다도 사랑이신 주님께 가는 길을 보여주소서. 아멘.

3월 24일
토요일

오, 주님. 저의 생명이 다하는 날은 언제일까요? 그때가 언제
인지는 알 수 없지만, 너무 빨리 닥치지 않았으면 합니다. 세
상이 좋아서가 아니라(물론 제가 생각하는 것보다 더 이생에 끌
리고 있는지도 모르겠습니다) 주님을 대면할 준비를 아직 하지
못했기 때문입니다. 참고 기다리시며 저의 생명을 조금 더 연
장하셔서 저를 고칠 수 있는 기회를 다시 허락하시고, 마음을
정결하게 할 수 있는 시간을 허락하신 것을 압니다. 시간은 주
님이 주신 선물입니다.

5년 전에 7개월간 머물렀던 이 수도원을 떠날 때에는 죽음을
맞이할 준비가 되었다고 느꼈는데, 지금은 아닙니다. 평안이
없고 불안합니다. 죄책감과 의심과 어두움이 가득합니다. 이
곳에서 보내는 시간이 변화의 시간이 되게 하소서. 내면의 평
안을 찾고, 주님의 용서와 긍휼을 깊이 신뢰하고, 주께 온전히
복종하는 시간이 되게 하소서.

주님, 날마다 새날을 허락하셔서 주께 더 가까이 가게 하시니 감사합니다. 주님의 인내와 선하심에 감사합니다. 평안 가운데 죽을 수 있기를 기도합니다. 저의 간절한 기도를 들어주소서. 아멘.

오, 주님.
위대한 영성 교사 니느웨의 이삭은
이렇게 말했습니다.

자기 죄를 아는 사람은
죽은 자를 살린 사람보다 훌륭하다.
자신을 위해 한 시간을 울 수 있는 사람은
온 세상을 가르치는 사람보다 훌륭하다.
자신의 약함을 아는 사람은
천사를 본 사람보다 훌륭하다.

오, 주님. 얼마나 옳은 말인지요!
저의 악한 행동에만 온통 신경을 쏟는 것은
죄된 본성을 대면하지 않으려고
회피하는 방편임을 깨닫습니다.

제 안에 있는 죄된 본성과의 대면을
회피한다는 것은 주님의 은혜를
온전히 받아들이지 못한다는 뜻이기도 합니다.
주님의 은혜를 깊이 체험하지 못한다면,
저는 여전히 제가 저지른 죄로부터
달아나고 있는 것입니다.

오소서, 주님.
저의 충동과 염려, 두려움과 죄책감을 무너뜨리시고,
저의 죄와 주님의 긍휼을 보여주소서. 아멘.

오, 주 예수님. 주님은 긍휼이 풍성하신 하나님의 사랑을 보여
주시려고 세상에 오사 주의 백성들이 마음과 머리와 영혼으
로 그 사랑을 알게 하셨습니다. 우리는 이 눈물 골짜기에서 살
면서 외로움과 사랑받지 못하고 있다는 기분과 상실감이 들
때가 많습니다. 사랑과 친절, 배려와 긍휼을 간절히 바라지만,
내면의 어두움과 공허함과 무감각으로 괴로워합니다.

이 밤에 기도하오니, 오소서, 주 예수여, 오소서. 우리 머릿속
에만 머물지 마시고 마음속에 찾아오셔서 열정과 감정과 느
낌 하나하나까지 주장하사 우리 마음 가장 깊은 곳에 주님의
임재를 드러내소서. 주님을 깊이 경험하지 못하면, 어리석은
우리들은 언제까지고 사람이나 사물이나 사건 속에서 소속감
과 친밀감을 찾으려 할 것입니다. 오셔서 어루만지시고 사랑
으로 불태우실 때에야 우리는 진정한 자유를 얻고 온갖 잘못
된 소속감을 포기할 수 있습니다. 주님이 주시는 내면의 온기

가 없다면, 금욕적인 생활도 허탄할 뿐이고 우리가 쳐놓은, 선한 의도라는 올가미에 걸려들고 맙니다.

오, 주님. 기도하오니, 주의 자녀들이 주님의 임재를 느끼고, 깊고 따스하고 아름다운 사랑에 깊이 잠기게 하소서. 오, 주님. 주님의 비틀거리는 벗에게 긍휼을 베풀어주소서. 아멘.

3월 28일
수요일

오, 주님. 사순절이 쏜살같이 지나가고 있습니다. 사순절을 시 작하며 두려움도 있었지만, 기대도 컸습니다. 인생의 돌파구 가 되기를, 강력한 전환점이 되기를, 진정한 마음의 변화가 있 기를 기대했습니다. 부활절이 빛으로 가득한 날이 되어 저의 영혼에 어둠의 흔적조차 남지 않기를 바랐습니다. 하지만 주 님이 천둥과 번개로 찾아오시지 않는다는 것을 압니다. 사도 바울과 프란체스코조차 주님의 빛을 보기 전까지 수많은 어 둠을 통과해야 했습니다. 부드럽게 일하시는 주께 감사하게 하소서. 주님이 일하고 계심을 압니다. 저를 홀로 두지 않으실 것을 압니다. 부활절을 예비하라고 재촉하시되, 제가 걸어온 길과 기질에 맞게 부드럽게 일하심을 압니다.

기도하오니, 고난의 신비 속으로 더 깊이 들어오라고 초대하 신 지난 3주간이, 저를 위해 예비하신 길에서 저에게 주신 십 자가를 지기를 더욱 갈망하는 시간이 되게 하소서. 제가 영웅

이 아니라 주님을 사랑하는 종이 되길 원하시는 주여, 스스로 저의 길을 선택하고 제가 질 십자가를 고르고 싶어 하는 욕망을 죽이게 하소서.

내일과 이후의 날들도 저와 함께하시고, 주님의 온화한 임재를 경험하게 하소서. 아멘.

아버지가 자식을 긍휼히 여김 같이

여호와께서는 자기를 경외하는 자를

긍휼히 여기시나니

이는 그가 우리의 체질을 아시며

우리가 단지 먼지뿐임을 기억하심이로다.

시 103:13-14

사랑하는 주님, 마음이 온유하고 겸손하신 주님. 주님의 친절
과 온화함을 보여주소서. '주님은 나를 사랑하신다'고 스스로
되뇌면서도, 이 진리가 마음 깊은 곳까지 도달하지 못할 때가
얼마나 많은지 모릅니다. 실망해서 쉽게 흥분하고, 사소한 비
판에도 쉽게 화를 내고, 작은 거절에도 쉽게 낙담합니다. 저의
마음이 주의 사랑으로 가득 차 있지 않기 때문입니다. 그렇지
않고서야 어쩌면 이렇게도 쉽게 평정을 잃겠습니까?

주님이 저를 사랑하시고 돌보시고 보호하시고 변호하시고 인
도하시고 지지하신다는 사실을 진정으로 안다면, 어찌 사람들
때문에 흔들릴 수 있겠습니까? 주님이 저의 모든 슬픔과 혼란
속에 함께하신다는 사실을 아는데, 작든 크든 실패가 무슨 대
수이겠습니까? 그런데도 저는 주님의 사랑이 머리에서 가슴
으로 완전히 내려오지 못했다고, 주님을 아는 지식이 저의 모
든 존재에 온전히 스며드는 진정한 지식이 되지 못했다고 번

번이 고백할 수밖에 없습니다.

오, 주님. 이곳에서 지내는 동안 주님이 저를 얼마나 많이 사랑하시는지 다시 알 수 있기를 원합니다. 주님의 사랑을 거부하는 모든 것을 내려놓게 하시고, 주님이 저를 더 가까이 이끄시는 기회로 삼으소서. 아멘.

4월 3일
화요일

오, 주님. 오늘 아름답고 풍성한 자연 속에서 주님의 풍성한 사랑을 보았습니다. 태양이 제네시 계곡의 넓은 들판에 내리쬐고, 푸른 하늘에는 가벼운 구름이 성깃성깃 떠 있고, 나무는 아직 헐벗었지만 벌써부터 초록빛을 내비칩니다. 전반적인 색감은 아직 어둡지만 약속으로 충만합니다. 산마루에서 계곡을 내려다보며 제가 사는 이 아름다운 세상에 압도되었습니다. 마음에는 감사가 넘쳤고, 인생이 짧다는 생각도 했습니다. 비옥한 땅을 보면서 몇 달 전에 땅에 묻힌 어머니가 생각나 그 아름다운 풍경에 슬픔이 북받쳐 올랐습니다. 이제 더는 제가 본 것을 어머니에게 말하지도 못하고, 새로 오는 봄에 대해 편지를 쓸 수도 없습니다. 어머니는 저의 이야기와 글을 늘 반가워했는데 말입니다. 새 생명이 움트고, 파릇한 새 잎사귀와 새 꽃과 새 밀이 돋아나지만, 올봄에는 어머니가 저의 이름을 부르며 "얘야, 여기 좀 봐라, 저기도!" 하는 이야기를 들을 수 없습니다.

오, 주님. 그러나 주님은 한 알의 밀이 땅에 떨어져 죽어야 많은 열매를 맺는다고 말씀하십니다. 어머니의 죽음도 열매를 맺으리라 믿습니다. 제가 마음으로 준비하고 있는 주님의 부활은 이 땅에서 죽은 모든 사람에게 희망이 있다는 징표이기도 합니다. 그러니 저의 슬픔이 십자가의 길에서, 또 그 길을 넘어 텅 빈 무덤 앞에서 부활의 아침을 맞이하도록, 저로 하여금 더 열렬히 주님을 따르게 하는 그런 슬픔이 되게 하소서. 아름다운 이 땅을 보며 기쁨과 슬픔이 더 깊어지게 하시고, 구원자이신 주님 곁으로 더 가까이 이끄소서. 아멘.

오, 사랑하는 주님. 오늘은 분노가 저를 얼마나 강하게 사로잡을 수 있는지 실감했습니다. 약속한 대로 행하지 않는 사람에 대한 격렬한 반감에 사로잡혀 마음속으로 분노에 찬 말과 복수심에 불타는 비난을 끊임없이 쏟아냈습니다. 시선을 돌려 주님을 바라보려고 노력했지만, 분노의 감정에서 벗어날 수 없었습니다. 다시금 격한 분노 속으로 되돌아가는 저를 보았습니다. 할 수 있는 일이라고는 마음속 분노를 주님 앞에 토해내는 것뿐이었습니다. 그러면서 제가 여전히 이 세상과 세상이 주는 약속과 상급에 마음을 빼앗기고 있다는 사실을 깨달았습니다. 또한 혼란을 촉발시킨 외부 사건에 비해 내면의 혼란이 터무니없이 심하다는 사실도 깨달았습니다. 그런데도 분노를 떨쳐낼 수 없었습니다.

제가 간절히 바라는 온유하고 온화한 마음을 얻으려면 얼마나 많이 주님의 은혜에 의지해야 하는지 다시 한 번 깨달고

주님 앞에 겸손히 엎드립니다. 분노의 감정을 글로 정리하고
나니 많이 진정이 됩니다. 하지만 주님, 너무 자주 시험하지는
말아주십시오. 내면의 분노는 덜 경험하고 주님의 다정한 사
랑은 더 많이 경험하길 원합니다. 마음의 평안을 허락하소서.
아멘.

사랑하는 주님. 오늘 예기치 못한 눈이 내리는 것을 보면서 어떤 예측을 하는 데 얼마나 세심한 주의가 필요한지 새삼 깨달았습니다. 이제 봄이 왔다고 온화하고 따뜻한 날씨를 기대하며 마음을 놓았더니 다시 겨울이 돌아오는 것만 같습니다. 혹시 저에게 중요한 경고를 주고 계신 것은 아닌지요?

현재 상태를 보고 미래를 예측할 때가 많습니다. 지금 우울하면 미래도 우울해 보이고, 지금 기분이 좋으면 미래도 밝아 보입니다. 하지만 제가 누구관대 내일, 다음 주, 내년, 10년 후를 알 수 있단 말입니까? 제가 누구관대 미래에 주님이 어떤 모습을 보여주실지 알 수 있단 말입니까? 오, 주님! 저의 한계와 제한된 생각과 감정에 주님을 묶어두지 않겠습니다. 주님은 무슨 일이든, 저에게는 완전히 불가능해 보이는 일까지도 하실 수 있습니다. 저의 삶에서 자유로이 운행하시는 성령께 마음을 열기 원합니다. 어찌하여 저는 스스로에게 "나는 성인군

자가 될 수 없어. 충동과 욕구를 절대 극복하지 못할 테니까"
하고 끊임없이 말하는 것일까요? 어쩌면 스스로 되뇌는 이런
말이 주님이 저를 깊이 치유하고 만지시지 못하게 방해하는
지도 모릅니다.

오, 주님. 기도하오니, 언제 어떻게든 원하시는 때에 자유로이
저를 찾아오소서. 아멘.

사랑하는 주님. 주님께 시선을 고정하게 도와주소서. 주님은 성육신하신 하나님의 사랑이시요, 하나님의 무한한 긍휼의 표현이시고, 아버지의 거룩하심을 눈에 보이게 드러내시는 분입니다. 주님은 아름다움과 선하심, 온화함, 용서와 긍휼이십니다. 주님 안에서 모든 것을 찾을 수 있고, 주님 밖에서는 아무것도 찾을 수 없습니다. 그런데 어찌 다른 곳에 눈을 돌리거나 다른 곳으로 가겠습니까? 영원한 생명의 말씀이 주께 있습니다. 주님은 먹을 것과 마실 것입니다. 길이요 진리요 생명이십니다. 어둠을 비추는 빛이요, 등경 위의 등불이요, 언덕 위에 세운 집입니다. 주님은 하나님의 완벽한 형상입니다. 주님 안에서, 주님을 통해 하나님 아버지를 볼 수 있습니다. 주님과 함께해야 하나님께 가는 길을 찾을 수 있습니다.

오, 거룩하신 주님, 아름다우신 주님, 영광 받으실 주님! 저의 주가 되소서. 저의 구원자, 저의 구속자, 저의 인도자, 저의 위로자, 저의 소망과 기쁨과 평안이 되소서. 주께 저의 모든 것을 드리길 원합니다. 머뭇거리지 않고 인색하지 않게 아낌없이 드리게 하소서. 주께 저의 모든 것, 모든 소유와 생각과 행동과 감정까지 드리길 원합니다. 오, 주님. 모두 주님의 것이오니 받으시고 온전히 주님의 소유로 삼으소서. 아멘.

여호와여 내가 소리 내어 부르짖을 때에 들으시고 또한 나를 긍휼히 여기사 응답하소서.

너희는 내 얼굴을 찾으라 하실 때에 내가 마음으로 주께 말하되

여호와여 내가 주의 얼굴을 찾으리이다 하였나이다. 시 27:7-8

4월 10일
화요일

사랑하는 주님. 주님을 배반하는 이가 누구일지 베드로가 궁
금해 할 때 주님께서는 유다를 지목하시고 얼마 뒤에 베드로
도 가리키셨습니다. 유다는 배신했고, 베드로는 주님을 부인
했습니다. 유다는 스스로 목을 맸지만, 베드로는 주님이 세우
신 최고의 사도가 되었습니다. 주님, 저에게 믿음을 주소서.
주님의 무한한 긍휼과 끝없는 용서와 측량할 수 없는 선하심
을 믿는 믿음을 주소서. 주님께 용서받기에는 저의 죄가 너무
크고, 주님의 은혜로 어루만지시기에는 저의 죄가 너무 끔찍
하다고 생각하고픈 유혹에 빠지지 않게 하소서. 다른 곳으로
도망치지 않고 다시 주께 돌아가게 하소서. 주께서 저의 주님
이요 목자요 요새요 피난처가 되어주시길 원합니다. 오, 주님.
저를 주의 날개 아래로 이끄시고, 주께 용서를 구하는 한 거절
하지 않으신다는 사실을 알게 하소서. 주님의 용서를 의심하
는 것은 어쩌면 제가 생각하는 가장 큰 죄보다 더 큰 죄인지
도 모릅니다. 주님이 저를 더는 포용하실 수 없다고 생각하는

것은 스스로 중요하고 대단한 사람이라 여기는 교만함인지도 모릅니다. 주님, 베드로의 기도를 들어주신 것과 같이 저의 기도를 들어주소서. 유다처럼 밤에 주님에게서 도망치지 않게 하소서.

주님, 이 고난 주간에 복을 주시고 주님의 사랑의 임재를 더 친밀하게 아는 은혜를 허락하소서. 아멘.

오, 사랑하는 주님. 이 거룩한 밤에 주께 무슨 말을 할 수 있을까요? 저의 입에서 무슨 말이, 무슨 생각이, 무슨 문장이 나올 수 있을까요? 저를 위해 죽으시고 저의 죗값으로 주님의 전부를 주신 주님. 주님은 저를 위해 사람의 몸을 입고 오시어 가장 잔혹한 죽음을 당하셨습니다. 그 사실에 어떤 반응을 보일 수 있을까요? 적절한 반응을 찾을 수 있으면 좋으련만, 주님의 거룩한 고난과 죽으심을 묵상하다 보면 그 엄청난 사랑 앞에서는 어떤 반응도 부족할 뿐이라고 겸손히 고백할 수밖에 없습니다.

그저 주님 앞에 서서 주님을 보게 하소서. 몸은 상하고 머리에는 가시관을 쓰셨고 손과 발은 못 박혔으며 옆구리는 창에 찔리신 주님의 모습을 보게 하소서. 주의 시신은 이제 어머니의 품에 안겨 쉬고 계십니다. 이제 다 끝났습니다. 다 이루었습니다. 완성했습니다. 사랑의 주님, 은혜로우신 주님, 너그러우신 주님, 용서하시는 주님, 주님을 사모합니다. 찬양합니다. 감사합니다. 주님의 고난과 죽으심으로 모든 것이 새로워지고, 십자가가 새 희망의 징표로 이 세상에 세워졌습니다.

오, 주님. 주님의 십자가 아래 늘 살면서 그 십자가의 소망을 끊임없이 선포하게 하소서. 아멘.

희망의 빛줄기

부활절은 희망의 시간이다. 여전히 두려운 마음이 있고 자신의 죄를 고통스럽게 인식하기도 하지만, 그 사이로 빛이 뚫고 들어온다. 뭔가 새로운 일이, 단순한 기분 전환 이상의 일이 벌어지고 있다. 우리는 기쁠 수도 슬플 수도 있고, 낙관적일 수도 비관적일 수도 있고, 평온할 수도 분노할 수도 있지만, 하나님의 임재라는 견고한 흐름은 우리 생각과 마음이라는 작은 물결보다 훨씬 더 깊은 곳에서 움직인다. 부활절은 우리가 하나님의 임재를 즉시 알아보지 못해도 하나님이 우리와 늘 함께하신다는 사실을 깨닫게 한다. 부활절은 세상이 점점 더 악해져도 그분이 이미 사탄을 이기셨다는 좋은 소식을 가져다준다. 부활절은 하나님이 멀리 계시고 우리는 사소한 일에 사로잡혀 있는 듯해도 주님이 우리와 동행하시고 성경을 풀어 설명해주신다는 사실을 확신하게 해준다. 이처럼 희망의 빛줄기가 우리 인생길을 환히 밝혀준다.

4월 15일 일요일
부활절

사랑의 주님, 부활하신 주님, 세상의 빛이신 주님, 모든 찬양과 영광을 주께 돌립니다! 주님의 임재와 기쁨과 평화가 가득한 이 날, 오늘은 진정한 주의 날입니다. 어둑어둑한 숲길을 거닐다 이제 막 돌아왔습니다. 아직 차갑고 바람이 세지만, 만물이 주님을 이야기합니다. 구름도, 나무도, 젖은 풀도, 아득한 빛을 품은 계곡도, 바람소리도 다 주님을 이야기합니다. 주님의 부활을 이야기합니다. 자연을 보며 모든 것이 선하다는 사실을 다시 한 번 깨닫습니다. 주님 안에서 만물이 선하게 창조되었고, 주님으로 인해 만물이 새로워지고 창조 때에 지녔던 것보다 더 큰 영광을 드러냅니다. 기쁨이 가득한 오늘을 마무리하며 어둑한 숲길을 걷는데, 주님이 막달라 마리아의 이름을 부르시는 소리를 들었습니다. 호숫가에서 제자들에게 그물을 던지라고 말씀하시는 소리도 들었습니다. 제자들이 두려워서 문을 잠그고 숨어 있던 방에 주님이 들어가시는 모습도 보았습니다. 산과 마을 변두리에 나타나신 모습도 보았습니다.

이 얼마나 친근한 모습인지요. 사랑하는 제자들에게 베푸신 특별한 배려 같습니다. 누군가에게 잘 보이거나 감동을 주기 위해서가 아니라, 주님의 사랑이 죽음보다 크심을 보여주기 위해 이 일을 행하셨습니다. 오, 주님! 침묵하는 고요한 순간에 저를 만나주시고, 저의 이름을 부르시고 평안의 말씀을 전해주실 것을 이제는 압니다. 가장 고요한 시간에 주님은 저에게 부활의 주님이 되십니다.

사랑하는 주님, 지난 한 주간 주신 모든 것에 감사합니다. 앞으로도 저와 함께하소서. 이 세상에서 고통을 받는 모든 사람에게 복을 내려주시고, 너무나 사랑하셔서 목숨을 주신 그들에게 평안을 허락하소서. 아멘.

4월 16일
월요일

사랑하는 주님,

빈 무덤에서 천사를 본 여인들은

놀라고 기뻐하며 그곳을 떠나면서도

한편으론 두려움도 느꼈습니다.

저도 오늘 비슷한 경험을 했습니다.

부활 주간에는 기쁨이 넘치지만,

제 안에는 여전히 두려움과 불안과 소외감이 있습니다.

오, 주님!

막달라 마리아나 제자들, 엠마오로 가던 사람들처럼

저도 주님을 알아볼 수 있을까요?

저의 영혼이 주님을 알아볼 수 있을까요?

주님이 말씀하실 때 제가 온전히 집중해서

그 말씀을 들었던가요?

볼 줄 아는 눈과 들을 줄 아는 귀가 저에게 있을까요?

주님,

저를 지나치지 마시고 내버려두지 마소서.

사랑의 얼굴을 보이시고

위로하시는 음성을 듣게 하소서.

그러면 모든 게 달라질 것입니다.

세상일에 빠져

정말 중요한 일이 벌어지고 있는 줄도 모르고

넘어가지 않게 하소서!

오소서, 주님. 주님의 얼굴을 보여주시고

주께 더 가까이 이끄소서. 아멘.

나의 영혼아 잠잠히 하나님만 바라라.

무릇 나의 소망이 그로부터 나오는도다.

오직 그만이 나의 반석이시요

나의 구원이시요

나의 요새이시니

내가 흔들리지

아니하리로다.

시 62:5-6

4월 19일
목요일

사랑하는 주님, 주님은 부활하신 후에 제자들의 마음을 열어 성경을 깨닫게 하셨습니다. 주님에 대해 모세와 선지자와 시편 기자가 했던 말을 분명히 설명해주시고, 주님이 고난을 받고 영광에 들어가신다는 크나큰 신비를 밝히 드러내셨습니다.

이 밤에 기도하오니, 성경을 날마다 더 깊이 깨닫고, 주님이 성경의 중심이라는 사실을 날마다 더 깊이 깨닫게 하소서. 빈센트 반 고흐의 표현을 빌리자면, 구약성경과 사도들의 서신서가 산등성이라면 주님의 복음은 최고봉입니다. 시편과 예언서, 이스라엘 백성의 멋진 이야기 속에서 주님의 현존을 발견하게 하시고, 이 통찰을 힘입어 인생의 역경과 문제와 고통을 더 잘 이해하게 하소서.

주님, 제가 가는 길에 동행하시고 저의 닫힌 방에 들어오셔서 어리석음을 거두어주소서. 마음과 생각이 열려서 저의 삶에 역사하시는 주님의 신비로운 임재를 보게 하시고, 다른 사람들도 각자 자신의 삶에 역사하시는 주님의 임재를 발견하도록 돕는 용기를 저에게 허락하소서.

주님, 오늘을 주셔서 감사합니다. 아멘.

사랑하는 주님. 오늘은 디베랴 호숫가에서 제자들을 만나신 신비로운 사건을 생각해보았습니다. 주께서는 제자들과 함께 아침을 드셨습니다. 주님이 그들에게 아침을 권하셨지요. "예수께서 가셔서 떡을 가져다가 그들에게 주시고 생선도 그와 같이 하시니라"(요 21:13).

이 신비로운 만남에 잠시 주목해봅니다. 친밀함에 끌리면서도 거리감이 느껴집니다. 허물없지만 신중한 모습도 보입니다. 기쁨과 함께 깊은 경외감도 느껴집니다. 주님의 임재와 부재가 동시에 느껴집니다. 제자 중에 감히 "당신은 누구입니까?" 하고 묻는 사람이 없습니다.

주님, 이 말씀을 통해 주님을 저에게 드러내시는 동시에 숨기시는 이유를, 주님과 함께 먹으라고 초대하시는 동시에 주님을 만지지 말라고 말씀하시는 이유를 깨닫습니다. 가끔은 제 안에서도 이런 긴장을 느끼고, 부디 그런 긴장이 사라졌으면 하는 마음이 듭니다. 거리감도, 두려움도, 불안도 원치 않습니다. 하지만 제가 무엇이라고 감히 그런 것을 요구하겠습니까? 주님, 죄인인 저를 부르셔서 떡과 생선을 주시는 주께 그저 감사할 뿐입니다. 저는 아직 주님의 영광을 볼 준비가 되어 있지 않습니다. 이 상태로 주님의 영광을 보면 죽고 말 겁니다. 저를 살게 하시고 정결하게 하시려고 주님의 모습을 숨기시는 것을 압니다. 오, 주님. 감사합니다. 아멘.

4월 22일
일요일

사랑하는 주님. 오늘 오후에는 수도사 한 명과 저의 죄책감과 죄에 대해 이야기를 나누었습니다. 그가 적절한 조언을 해주었습니다. 그는 반성이나 자아성찰을 멀리하고, 주님을 향한 사랑을 표현하는 데 집중하라고 권면했습니다.

그가 한 말 중에 가장 유익한 말은 최악의 사건은 이미 벌어졌다는 말입니다. 바로 주님의 죽음이지요. 오, 주님. 세계 역사에서 가장 끔찍하고 무섭고 나쁜 사건은 이미 일어났습니다. 우리 인간이 가장 높으신 분의 아들이요 우리 형제인 주님을 죽였습니다. 굶주림, 탄압, 전쟁 등 앞으로 일어날 그 어떤 일도 이미 벌어진 그 사건보다 더 끔찍할 수는 없습니다. 하지만 주님은 그 최악의 사건을 이기셨습니다. 우리를 거절하지 않으시고, 주님의 죽음을 우리를 구속하는 징표로 삼으셨습니다. 주님의 죽음 안에서, 주님의 죽음을 통해, 주님의 사랑을 우리에게 온전히 드러내셨습니다. 과거나 미래의 모든 악행을

속하기 위해 주님이 이미 고난을 받으셨습니다. 주님께 돌아가지 못할 만큼 악한 죄는 없다는 사실을 이미 보여주셨습니다. 오, 사랑하는 주님! 주님의 용서를 의심하지 않게 하시고, 저의 죄를 위해 죽으시고 용서하시는 사랑의 징표로 죽은 자들 가운데서 다시 사셨음을 늘 기억하게 하소서. 죄책감이 아니라 주님의 사랑이 저를 인도해주시기를 원합니다. 아멘.

사랑하는 주님, 기도의 열정을 더 키워주소서. 시간을 넉넉히 주님께 내어드리는 것이 아직도 어렵습니다. 아직도 시간 욕심이 너무 많습니다. 유용하게, 효과적으로, 성공적으로 시간을 사용하고픈 마음, 그 시간에 뭔가를 보여주고픈 마음, 같은 시간에 남보다 더 좋은 결과를 생산해내고 싶은 마음이 큽니다. 오, 주님. 하지만 주님은 그저 저와 함께하시길 원하십니다. 저의 모습을 있는 그대로 겸손히 인정하고, 가감 없이 죄를 고백하길 원하십니다. 그럴 때 비로소 주님의 사랑의 빛줄기가 저의 마음에 들어온다는 사실을 깨닫게 하십니다. 주께서 저를 먼저 사랑하셨기에 제가 주님을 사랑할 수 있다는 사실, 주께서 주님의 선하심을 먼저 보여주셨기에 제가 선을 행할 수 있다는 사실을 깨닫게 하십니다.

저를 가로막는 것은 무엇인가요? 무엇이 저를 주저하게, 인색하게, 조심하게, 계산하게 만들까요? 주님 외에는 아무것도

필요 없다는 사실을 아직도 의심하고 있는 건 아닌가요? 아직
도 주님이 성공하지 못할 경우를 대비해 나름의 대비책을 마
련하려 하는 것은 아닌가요? 주님, 제가 이런 미숙한 장난을
그만두고 마음껏, 담대하게, 용기 있게, 아낌없이 주님을 사랑
하게 도와주소서. 아멘.

사랑하는 주님. 수도원 생활은 정해진 전례에 따라 하루하루
가 지나가고 조화로운 생활과 형제애가 넘칩니다. 이곳에서의
생활은 고요하고 평화롭지만, 대다수 사람들은 이 시대를 위
험이 가득한 종말론적 시기로 경험합니다. 핵무기의 위협이
실제로 존재하고, 세계 곳곳에서 굶주림이 늘어가고, 폭력과
불화가 신문 1면을 장식하고, 내년이나 다음 주 심지어 내일
은 어떻게 버틸 수 있을지 걱정하는 사람이 허다합니다.

오늘 밤에는 이 세상에서 주님을 전하는 사람, 목회자와 사제,
주교, 자신의 삶을 주님께 바친 사람, 이 어두운 세대에 복음
의 빛을 비추려 애쓰는 모든 사람을 위해 기도합니다. 그들에
게 힘과 용기, 인내와 희망을 주소서. 주님이 함께하신다는 지
식을 그들의 마음과 생각에 채워주시고, 주의 이름이 모든 위
험에서 피난처가 된다는 사실을 체험하게 하소서. 무엇보다도
성령의 기쁨을 허락하사 어디서 누구를 만나든 우울과 체념

과 패배주의의 장막을 걷어내고, 늘 죽음에 대한 두려움에 시
달리며 사는 많은 이들에게 새 생명을 불어넣게 하소서. 주님,
복음을 전하는 모든 이들과 함께하소서. 아멘.

사랑하는 주님,

주님은 이렇게 말씀하셨습니다.

"나를 보내신 이의 뜻은 내게 주신 자 중에

내가 하나도 잃어버리지 아니하는 것이다"(요 6:39).

오늘 이 말씀이 저를 위로합니다.

이 말씀은 주님이 물불 가리지 않고

저를 사랑으로 보호하신다고 말합니다.

저를 구원하시고,

악과 죄의 억압에서 해방시키시고,

아버지의 집으로 인도하시려고,

주님이 이 세상에 오셨다고 말합니다.

저를 주님에게서 떼어내려는 강력한 세력에 맞서

기꺼이 싸우신다고 말합니다.

주님, 저를 소유하시고 붙잡으시고,

저를 위해 싸우고 보호하시고 도우시고
지지하시고 위로하시고,
저를 아버지 앞으로 이끄시길 원합니다.
저를 잃어버리지 않는 것이
진정 주님의 거룩한 직무입니다!
그럼에도 저는 자유롭습니다.
저에게 자유의지를 허락하셨고,
이 자유를 빼앗지 않으실 것을 압니다.
이 얼마나 놀라운 사랑이고,
얼마나 신비로운 하나님의 은혜인가요!
주님, 자유로이 주님의 사랑을 선택하여
주님을 놓치지 않게 하소서. 아멘.

내 영혼아 네가 어찌하여 낙심하며

어찌하여 내 속에서 불안해하는가.

너는 하나님께 소망을 두라.

그가 나타나 도우심으로 말미암아

내가 여전히 찬송하리로다. 시 42:5

사랑하는 주님, 사도 빌립은 예루살렘에서 자기 나라로 돌아
가는 에디오피아 순례자와 동행했습니다. 주님이 엠마오로 가
는 제자들에게 하셨듯이, 빌립은 이 순례자에게 성경을 풀어
설명해주고 성경이 주님에 대한 책이라는 사실을 확실히 알
려주었습니다. 인생 여정에 사람들과 동행하며 주님을 볼 수
있도록 그들의 눈을 열어주는 일, 이것이 저의 사역이 되게 하
소서.

많은 사람이 진리를 찾아 헤맵니다. 자신의 가장 내밀한 문제
에 대한 답을 찾기 위해 공부도 하고, 책도 읽고, 토론도 하고,
글도 쓰고, 다양한 활동도 해보지만, 대다수 사람들이 여전히
어둠 속에서 헤매고 있습니다. 그들과 동행하면서 빌립처럼
"지금 읽는 것을 이해합니까?"라고 말할 수 있는 용기를 주십
시오. 사람들에게 길이요 진리요 생명이신 주님에 대해 말할
수 있는 지성과 확신을 주십시오. 그들이 물과 성령으로 세례

를 받을 준비가 되었는지를 아는 분별력을 주십시오.

하지만 주님, 무엇보다도 주님이 "가서, 마차에 바짝 다가서거라"라고 말씀하시면서 빌립에게 허락하셨던 그 용기를 저에게 주십시오. 저는 부끄럼과 두려움이 많습니다. 자신 있고 당당하게 주의 말씀을 전하길 원합니다. 아멘.

사랑하는 주님,

어두운 과거에서 저를 풀어주소서.

깊은 구덩이에 빠지는 것처럼

자꾸 추락하는 기분이 들곤 합니다.

세상의 빛으로 오신 주님!

주님을 믿는 사람은 누구든지

더는 어둠 속에 머물지 않아도 됩니다.

오, 주님.

무덤에서 저를 일으키시고,

따스하고 부드럽고 생명을 주는 빛 가운데로 이끄사

어두운 구덩이에 다시 빠지지 않게 하소서.

빈센트 반 고흐는 나사로의 부활을 그리면서

주님을 태양으로 묘사했습니다.

그렇게 고흐는 어둡고 갇힌 과거에서 벗어나

자유로워진 자신을 표현하고 싶어 했습니다.

주님, 주님의 빛을 거두지 마시고,
뒤돌아보지 않고 일어나 주님을 따를 수 있는 힘을 주소서.
나의 힘과 피난처와 요새이신 주님!
제 눈을 주님께 고정하는 한,
과거의 사건이나 유형이나 생각으로
돌아갈 이유가 없습니다.
주님의 빛 안에 만물이 새로워지오니,
저를 온전한 주의 소유로 삼으소서. 아멘.

사랑하는 주님.

수많은 내면의 혼란과 불안 속에서도

위로를 주는 생각이 떠오릅니다.

어쩌면 주님은 제 안에서 제가 느끼거나

경험하거나 이해하지 못하는 방식으로

일하고 계신지도 모릅니다.

주께 생각을 집중할 수 없고

마음은 중심에서 자꾸 벗어나

마치 저 홀로 남겨두고 떠나신 것만 같을 때도 있지만,

믿음으로 주께 매달립니다.

주의 성령은 저의 생각이나 마음보다

훨씬 더 깊고 먼 곳까지 닿는 것을 압니다.

그런 심오한 움직임이 쉽게 드러나지는 않겠지요.

주님! 그러므로 만사가 소용없고

시간과 노력을 낭비하는 것처럼 보일 때에도,

도망치지 않고 포기하지 않고 기도를 쉬지 않겠습니다.

주님의 사랑을 받지 못하는 것처럼 느껴질 때조차도

제가 주님을 사랑한다는 사실을,

절망하는 때조차도

제가 주님께 소망을 두고 있다는 사실을

기억하여 주소서.

이것이 주님과 함께, 주님을 위해

제가 할 수 있는 작은 죽음이 되게 하소서,

그래서 저보다 훨씬 더 큰 고통을 겪는

이 세상의 수많은 사람과 하나 됨을 경험하게 하소서. 아멘.

사랑하는 주님. 창의적이고 사랑이 넘치는 관계를 찾는 데 실패한 모든 이를 주님 앞에 올려드립니다. 많은 독신자가 지속적인 관계를 유지하지 못하고 외로워하고, 많은 부부가 절망을 느끼고 각자 다른 길을 갑니다. 수많은 아이가 부모와 대화를 나누지 못하고, 수많은 부모가 자녀를 두려워합니다. 주변에는 온통 사랑에 갈급한 사람뿐이지만, 지속적으로 깊이 있게 사랑을 체험하지 못합니다.

오, 주님. 주의 백성을 긍휼히 여기시고 주의 사랑을 부어주소서. 사상이나 개념이 아니라 살아 있는 사랑을 체험하게 하소서. 주님이 우리를 먼저 사랑하셨기에 우리가 서로 사랑할 수 있습니다. 우리가 그 첫 사랑을 알게 하시고, 인간의 모든 사랑을 더 큰 사랑, 조건과 한계가 없는 그 큰 사랑의 그림자로 보게 하소서.

가장 내밀한 자아에 상처를 입은 사람, 거부당하고 오해를 받고 남에게 이용당한 사람을 고쳐주소서. 그들에게 치유하시는 사랑을 보여주시고, 용서와 화해의 길로 나아가는 그들을 도우소서. 아멘.

성 령 의 능 력

5월
—
6월
예수님이 제자들에게 약속하신 성령은 하나님의 크신 선물이다. 예수님의 영이 없다면 우리는 아무것도 할 수 없지만, 성령의 일하심을 통해 성령 안에서 자유롭게, 기쁘게, 담대하게 살 수 있다. 우리는 기도할 수 없지만, 그리스도의 영이 우리 안에서 기도하신다. 우리는 평안과 기쁨을 만들어낼 수 없지만, 그리스도의 영이 세상이 줄 수 없는 평안과 기쁨으로 우리를 채우신다. 우리는 인종과 성, 국적을 갈라놓는 여러 장벽을 무너뜨릴 수 없지만, 그리스도의 영은 만물을 포용하는 하나님의 사랑 안에서 모든 민족을 하나로 묶으신다. 그리스도의 영은 두려움과 염려를 태워 없애고, 우리가 어디로 부름을 받든 자유로이 움직이게 하신다. 이것이 우리가 성령강림절에 누리는 큰 자유다.

사랑하는 주님, 부디 저에게 가난해지는 법을 가르치소서. 소유는 잘못된 염려를 낳고, 그 염려는 주께 집중하는 것을 방해합니다. 주님은 늘 함께 계시고, 저에게 말씀하길 원하시고, 저를 인도하사 가르치고 조언하길 원하시고, 가야 할 길을 보여주길 원하십니다. 주님이 문 앞에 서서 두드리고 계신 것을 압니다.

하지만 다른 일로 분주하여 그 소리를 듣지 못할 때가 종종 있습니다. 읽을거리와 써야 할 글, 해야 할 말과 해야 할 일에 정신이 팔려 내면의 혼란에 귀를 닫고, 주께 귀를 기울이면 이 모든 문제가 해결된다는 사실을 깨닫지 못합니다.

주님, 제가 모든 것에 가난해지도록 도우소서. 들어오는 돈을 어떻게 사용해야 하는지, 터득한 지식을 어떻게 사용해야 하는지, 살면서 맺는 관계와 사람들을 어떻게 사용해야 하는지 알게 하소서. 이 모두가 주님을 따르는 데 걸림돌이 되지 않고, 오히려 주님과 그 나라를 섬기는 도구가 되게 하소서. 잘못된 염려와 걱정에서 벗어나 가난하고 자유로운 마음으로 살게 하소서. 주님만이 저의 주님이 되소서. 아멘.

사랑하는 주님,

세상이 주님과 주님을 믿는 사람들을 미워한다는 사실을

실감하는 날이 올 때

제가 강건하고 신실하게 하소서.

주님이 베푸시는 우정과 친밀함은

이 세상 것이 아니기에,

경쟁과 성공, 질투와 불신에 근거한 것이 아닙니다.

조종하거나 착취로 얻을 수 있는 것도 아닙니다.

주님의 사랑과 선하심은

주님의 풍성함에서 나오는 선물입니다.

주님의 평안과 기쁨은

막힘없이 흘러나오는 샘과 같습니다.

하지만 이 세상의 방법과 규칙은 하늘의 것과 달라서,

주님과 주님의 그 풍부한 사랑에

적대감과 박해로 맞서게 합니다.
이에 맞설 준비가 되어 있는지 모르겠습니다.
저는 약하고 겁이 많고 쉽게 의심합니다.
그러나 주님이 언제나 저의 곁에 계셔서,
주님의 사랑을 증언해야 할 때
마땅히 할 말을 알려주실 것을 압니다.

오, 주님!
주님의 사랑을 아는 지식이
더 깊어지게 하소서. 아멘.

5월 24일 목요일
주님승천대축일

사랑하는 주님, 승천일을 마무리하며 감사가 넘칩니다. 이 날에 주님이 우리 곁을 떠나시고, 성육신의 큰 신비가 온전히 드러난 것을 깨닫습니다. 천사 가브리엘이 마리아를 찾아가면서 시작된, 이 땅에서의 삶은 제자들이 보는 가운데 승천하심으로 마무리되었습니다.

오, 하나님의 아들, 사람의 아들, 임마누엘, 메시아, 온 백성의 구세주이신 주님! 주님은 인간의 모든 특징을 공유하셨고, 인류를 하나님 아버지의 우편으로 이끄셨습니다. 제자들을 떠나더는 그들 눈에 보이지 않게 되었을 때 주님의 거룩한 사명을 성취하셨습니다. 주님은 우리가 알아야 할 것을 모두 가르쳐 주셨고, 해야 할 일을 다 이루셨으며, 가진 것을 전부 내어주셨습니다.

만약 주님을 몰랐다면 저의 삶은 어찌 되었을까요? 저의 모든 기쁨과 고통은 주님이 이 세상에 오셨다는 사실과 연결되어 있습니다.

육신을 입고 이 세상에 오신 주님, 저를 불러 온 백성에게 주님의 이야기를 전하게 하시니 감사합니다. 아멘.

하나님이여 내 속에 정한 마음을 창조하시고 내 안에 정직한 영을 새롭게 하소서.

나를 주 앞에서 쫓아내지 마시며 주의 성령을 내게서 거두지 마소서.

시 51:10-11

사랑하는 주님,

주님에 대해 모르는 게 없고,

세심하게 성경을 연구하고,

주님을 섬기려는 갈망과 의지가 크다 해도,

성령이라는 선물이 없으면 아무것도 할 수 없습니다.

진정한 삶에 대한 분명한 비전과

그렇게 살고자 하는 진실한 바람조차

저를 참 제자로 만들어주지는 못한다는 사실을

자주 깨닫습니다.

주의 성령이 제 안에 깊이 들어오실 때에만

저는 주님 안에, 주님과 함께, 주님을 통해 살아가는

진정한 그리스도인이 될 수 있습니다.

주께서는 제자들에게 예루살렘을 떠나지 말고

"위로부터 능력으로 입혀질 때까지 이 성에 머물라"라고

분명히 말씀하셨습니다.

오, 주님.

주님의 능력을 간구합니다.

그 능력이 제 안에 임하여

저로 하여금 진정한 제자가 되게 하소서.

그래서 가고 싶지 않은 곳까지도

기꺼이 주님을 따라가게 하소서. 아멘.

사랑하는 주님. 주님은 이 세상에 사람의 몸을 입고 오시되, 특별히 유대인 남자로 오셨습니다. 주님이 유대인이심을 온전히 이해하지 못한다면, 주님의 말씀과 몸짓과 행동도 절대 제대로 이해하지 못할 것입니다. 유대인에게 구약성경과 유대 전통뿐 아니라 주님에 대해서도 배울 게 많다는 사실이 하루하루 더 분명해집니다.

주님, 유대인을 위해 기도합니다. 오랜 세월 박해와 압제에 시달린 그들에게 평화와 자유를 주소서. 이스라엘에 두려움 없이 드나들게 하시고, 머물며 일할 수 있는 안전한 고향을 허락하소서. 그들에게 유대 역사와 전통을 깊이 사랑하는 마음을 주소서. 이스라엘 어린이에게 육체와 정신과 영혼의 안녕, 진정한 샬롬을 주소서. 특별히 유대인에게 우리 그리스도인을 용서할 수 있는 마음, 우리가 유대인과 그 조상에게 가한 잔혹하고 끔찍한 행위를 용서할 수 있는 넉넉한 마음을 주소서.

마지막으로 주님이 유대인의 한 사람으로 유대 율법을 존중하고, 위대한 선지자의 전통 안에서 말씀하신, 그들의 형제요 랍비요 선생임을 인정하게 하소서.

오, 주님. 주의 백성을 향한 저의 사랑이 날마다 더욱 깊어지게 하소서. 아멘.

5월 28일 월요일
전몰장병추모일

사랑하는 주님, 이 땅의 백성과 지도자들이 핵무기 경쟁이 얼마나 위험한지 깨닫게 도와주소서. 오늘 우리는 과거에 전쟁으로 죽은 이들을 애도하지만, 또다시 전쟁이 일어난다면 사망자를 애도할 생존자가 과연 있기나 할까요? 오, 주님! 자멸 행위나 다름없는 어리석은 경쟁에서 돌이키소서. 더 많은 무기 생산은 그 무기를 사용할 기회를 늘릴 뿐이라는 사실을 직시하게 하소서. 주님, 주님이 피조물에게 친히 부여하신 훌륭한 재능이 정사와 권세 잡은 자들의 손에 들어가지 않게 하소서. 그들에게는 죽음이 목표이자 수단입니다. 주님의 땅에 숨겨진 자원은 서로 먹을 것을 나누고, 서로 치유하고, 서로 안식처를 제공하고, 이 세상을 남녀노소 불문하고 모든 인종과 국가가 평화롭게 살 수 있는 곳으로 만들기 위해 존재함을 우리로 알게 하소서.

왕과 대통령, 국회의원, 교회 지도자, 선의를 품은 모든 사람에게 솔직하게, 직접적으로, 확신과 사랑으로 하나님의 말씀을 선포할 새로운 선지자를 허락하소서. 전쟁 대신 평화를 추구하도록 강권할 선지자를 주소서. 주님, 속히 우리를 도우소서. 너무 지체하지 마소서! 아멘.

5월 31일 목요일
마리아의 엘리사벳 방문 축일

사랑하는 주님,

엘리사벳과 마리아가 나눈 대화가

얼마나 풍부하고 깊이 있고 아름다운지

어느 말씀부터 묵상할지 고르기가 어려울 정도입니다.

하지만 엘리사벳이 마리아에게

복이 있다고 한 것은

마리아의 순결함이나 지혜나 아름다움 때문이 아니라,

그가 받은 약속에 대한 믿음 때문임을

잊지 않게 하소서.

"성령이 네게 임하시고

지극히 높으신 이의 능력이

너를 덮으시리니"(눅 1:35).

마리아에게 주신 이 약속은

예수님이 떠나면서 제자들에게 주신 약속이자,
요즘 저에게 희망을 주는 약속입니다.

저에게 마리아의 믿음을 주셔서
주님의 약속이 제 안에서 이루어지게 하소서.
성령을 보내사 그 성령을 통해
제 안에 머무실 곳을 찾으소서. 아멘.

사랑하는 주님.

주의 성령으로 모든 망설임을 극복하고,

모든 두려움을 물리치고,

모든 부끄러움을 제거할 힘을 주소서.

주께 감사함으로 응답하고,

만나는 모든 이에게 거침없이 주님을 전하고,

주의 나라가 이 땅에 임하도록 용감하게 행동할 수 있게

주의 성령으로 저를 도우소서.

주님은 저에게 물로 세례를 주셨을 뿐 아니라

성령으로 세례를 주셨습니다.

그 성령 세례가 삶으로 드러나게 하소서.

보지 못하고 믿는 믿음을 통해서만이 아니라,

오감을 초월하는 실재를 보고 듣고 맛보고 만지고

냄새 맡을 수 있는 새로운 감각을 통해

주님의 임재를 체험하게 하소서.

주의 성령으로 저와 함께 사는 사람들과
함께 일하는 사람들의 마음에
화해와 기쁨, 평화와 온유, 넉넉함을 주소서.
하지만 주님!
무엇보다도 주의 성령을 통해 사랑으로 저를 채우시고,
모든 생각과 말과 행동이
주님을 향한 사랑에서 솟아나게 하소서.
주님은 저를 위해 이 땅에 오시고, 죽으시고,
죽은 자들 가운데서 다시 사셨습니다. 아멘.

사랑하는 주님. 성령이 제자들에게 임하자 그들은 증언을 들으러 온 사람들의 언어로 말하기 시작했습니다. 오늘 밤, 이 시대에도 주의 성령이 국가와 민족을 가르는 수많은 장벽을 뚫고 임하시기를 기도합니다. 이 세상에서 살아가는 우리가 하나 되게 하소서. 육체와 정서와 심리의 차이를 뛰어넘어 거룩한 삶에 참여하는 모든 이들을 하나로 묶어주시는 분이 성령이심을 깨달을 수 있는 힘을 주소서.

우리의 눈과 귀를 여시고 우리 가운데 늘 임재하시는 주님을 보게 하소서. 서로 섬기며 화해와 평화를 위해 함께 일할 때 주님을 깨닫게 하시고, 재능을 한데 모아 더 나은 세상을 만들게 하소서. 주의 성령이 함께하시지 않으면 우리는 아무 힘이 없지만, 주의 성령이 우리와 함께하시면 이 세상을 새롭게 할 수 있습니다.

우리를 홀로 두지 마시고 우리 마음에 들어오사 주님의 영광스런 재림의 날을 함께 준비하게 하소서. 한평생 사는 동안 주님을 찬양하고, 주께 감사하며, 주님을 높이고, 주님을 사랑하게 하소서. 아멘.

홀연히 하늘로부터 급하고 강한 바람 같은 소리가 있어

그들이 앉은 온 집에 가득하며 마치 불의 혀처럼 갈라지는 것들이

그들에게 보여 각 사람 위에 하나씩 임하여 있더니

그들이 다 성령의 충만함을 받고 성령이 말하게 하심을 따라

다른 언어들로 말하기를 시작하니라.

행 2:2-4

사랑하는 주님. 주님의 임재를 경험하지는 못하더라도 주의 성령으로 저의 영혼을 회복시켜주소서. 저도 성령으로 충만하여 급하고 강한 바람을 느끼고 싶고, 맹렬한 불의 혀를 보고 싶고, 방언을 말하고 싶고, 이야기를 듣고 싶어 하는 사람들에게 복음을 선포하지 않고는 견딜 수 없는 존재가 되고 싶습니다. 하지만 이런 마음은 믿음보다는 조바심을, 고요한 희망보다는 주목받고 싶어 하는 갈망을, 깊고 꾸준한 사랑보다는 충동에서 비롯된 것임을 압니다.

주님, 주의 성령을 보내주신 것을 압니다. 이곳에서의 생활이 얼마 되지는 않았지만, 성령이 제 안에서 조용히 꾸준하게 일하시는 것을 느낍니다. 저의 어두움과 죄책감과 절망은 힘을 잃었고, 불안하고 피곤한 순간이 줄었으며, 시선을 분산시키는 상황에도 내면의 시선이 이전보다 더 수월하게 주님께 향하는 모습을 봅니다. 눈에 확 띄는 변화는 없지만, 저의 이해를 초월하는 성령의 일하심을 느낄 수 있습니다.

주님, 성령을 선물로 주셔서 감사합니다. 이후로 제 안에 주님
의 임재가 더욱 강해지고, 깊어지게 하소서. 아멘.

세 상 의 필 요

6월
―
7월

그리스도의 성령은 우리를 세상에 내보낸다. 두려움이 아닌 성령의 능력에 얼마나 인도를 받느냐에 따라 세상의 필요를 더 많이 깨닫고 그 필요를 채워주고 싶은 깊은 열망을 체험하게 된다. 재소자와 환자, 굶주린 사람, 노숙자, 나아가 전쟁에 몰두하거나 전쟁 준비에 여념이 없는 사람들까지도 우리와 한 몸인 형제자매로 보인다.

6월 12일
화요일

사랑하는 주님, 얼마나 쉽게 주님을 잊고 지내는지요. 세상이 온갖 방법을 동원하여 관심을 끌면, 저는 금세 주님에게 등을 돌리고 맙니다. 이 세상에, 저의 삶에, 세상 만물 속에 계신 주님! 그러나 고요하고 부드러운 주님의 임재는 눈에 잘 띄지 않습니다. 침묵, 고독, 조용한 기도, 평화로운 대화, 자신을 돌아보는 독서는 주님이 저와 함께하시고, 저를 부르시고, 저에게 도전을 주시고, 무엇보다도 평화와 기쁨이 있는 주님의 집으로 초대하고 계심을 깨닫게 해줍니다. 하지만 세상의 소음, 이것도 하고 저것도 해야 한다는 다양하고도 끝없는 요구, 모든 일이 시급하다는 착각, 이 모든 것이 저를 주님이 계신 곳에서 멀어지게 하고, 주님이 아니라 제가 세상을 구하기라도 해야 하는 것처럼 살게 합니다.

이 기도의 집을 며칠 떠나 보니, 주님이 아닌 세상 것에 시간과 관심과 노력을 투자할 가치가 있다는 유혹에 얼마나 쉽게

138

넘어가는지 모릅니다. 주여, 오늘 밤 기도하오니, 주님의 임재를 더 깊고 강력하게 인식함으로, 세상에 살면서도 세상에 속하지 않게 하소서. 다메섹으로 가는 길에 사울이 그랬듯이, 이 수도원에서 보내는 마지막 두 달 동안 주님과 더 깊고 강하고 지속적으로 교제하게 하소서. 그래서 주님이 주신 새로운 시선으로 세상을 바라보게 하소서. 아멘.

사랑하는 주님,

주님은 진리이십니다.

주님 안에 뿌리내릴 때 그 진리 안에 살 수 있습니다.

주님, 진실한 삶을 살게 도우소서.

인기나 사람들의 말, 최신 유행이나 간편한 공식 대신

주님을 아는 지식을 따라 살게 하소서.

진리를 붙들기가 힘들고 고통스럽고,

어느 순간에는 압제와 박해와 죽음에

이르는 때도 있을 것입니다.

주님,

그런 시간이 올 때 저와 함께하소서.

진리를 붙드는 것이 곧 주님을 붙드는 것임을

그 순간에도 기억하게 하시고,

사랑과 진리는 절대 나뉠 수 없고

진실한 삶은 흔들림 없이 주님을 사랑하는 것과
동일함을 알게 하소서.

주님,
늘 사랑으로 가르치시는 나의 선생이시여,
주님 곁으로 더 가까이 인도하소서. 아멘.

6월 17일 일요일
성체 축일

사랑하는 주님,

성례전을 위해 봉헌된 오늘,

먹을 것이 부족하여 괴로워하는 수많은 사람과

사랑이 부족하여 괴로워하는 수많은 사람을 생각합니다.

땅의 소산과 여러 형제자매의 사랑을 누리며

잘 먹고 잘 지내지만,

다른 사람의 육체적·정서적 궁핍함을

모르지 않습니다.

떡을 떼며 나눌 때 주님이 임하신다는 믿음이

저의 형제자매뿐 아니라 모든 인류에게까지 퍼져서,

가능한 한 고통을 최소화할 수는 없는 것인가요?

성만찬에서 주님을 발견할 수 있다면,

수없이 많은 굶주린 아이들과 어른들 가운데서도

주님을 발견할 수 있어야 합니다.

떡과 포도주에 드러난 주님의 임재에 대한 믿음을
세상을 향해 실천하지 못한다면,
저는 여전히 불신자인 셈입니다.
주님. 성만찬에 임하신 주님에 대한 믿음이
더 깊어지게 하시고,
이 믿음이 많은 이들의 삶에서
열매를 맺는 길을 찾을 수 있도록
도와주소서. 아멘.

바로 이 시각까지

우리가 주리고 목마르며 헐벗고

매맞으며 정처가 없고

또 수고하여 친히 손으로 일을 하며

모욕을 당한즉 축복하고

박해를 받은즉 참고

비방을 받은즉 권면하니

우리가 지금까지 세상의 더러운 것과

만물의 찌꺼기같이 되었도다.

고전 4:11-13

사랑하는 주님,

주님의 옆구리가 창에 찔려 물과 피를 쏟으실 때

교회가 탄생했습니다.

교회는 세례와 떡을 떼는

희생에 기초한 새로운 공동체입니다.

교회는 십자가에서 드러난 주님의 사랑,

새 생명을 낳은 사랑,

새로운 삶의 방식,

내가 인류에 속했다는 새로운 인식,

새로운 메시지입니다.

오, 주님.

십자가에서 탄생한 사랑의 공동체인 주의 교회가

분열과 파괴로 우리를 위협하는 권세들을

이겨내게 하소서.

교회의 사랑이 더 강력해져서
핵탄두와 미사일과 잠수함을 해체하게 하시고,
날마다 끊임없이 무기를 만들어내는 사람들이
정신을 차리게 하소서.
방어라는 미명하에 함께 망할 길을 부추기는,
광기에 사로잡힌 세력에 맞설 수 있는
통찰력과 용기와 믿음을
주의 백성에게 허락하소서.

오, 주님.
우리의 사랑이 강하고 담대해지게 하소서.
주님의 이름이 희망의 징표가 되게 하소서. 아멘.

사랑하는 주님,

수많은 사람이 자기 나라에서 쫓겨나

자기들을 받아주는 항구를 찾지 못하고

바다 위에서 죽어갑니다.

미래에도 평범한 가정생활을 기대할 수 없는 가운데

수용소에 발이 묶입니다.

난민은 갈수록 늘어가고,

이 세상은 점점 더 살기 어려운 곳이 되어갑니다.

오, 주님.

인류가 처한 이 비극에

대처할 수 있는 방법을 알려주소서.

수많은 사람이 괴로움과 절망 속에서 살아가는

이 시대에 주의 말씀을 배반하지 않고

살아갈 방법을 보여주소서.

총명한 머리와 열정적인 가슴과 강한 의지를 주셔서,
주님의 크신 계명인 사랑에 따라
말하고 행동하게 하소서.

주변에서 무슨 일이 벌어지고 있는지 압니다.
상황이 얼마나 급박한지 압니다.
너그러운 반응이 필요한 것도 확실히 압니다.
하지만 지금 여기서 저에게 무얼 원하시는지는
아직 모르겠습니다.
주님의 제자가 되는 길을 찾도록
도와주소서. 아멘.

오, 주님. 주님은 평화와 화해를 주시려고, 사람들의 분열을
치유하시려고, 남녀가 어떻게 차이를 극복하고 하나 될 수 있
는지를 보여주시려고 오셨습니다. 하나님 아버지가 모든 이의
아버지이심을, 후회나 복수심이 없는 아버지이심을, 한 사람
한 사람을 무한한 사랑과 자비로 돌보시고 자녀가 집으로 돌
아오기를 간절히 바라는 아버지이심을 보여주셨습니다.

하지만 오늘날 우리가 사는 세상은 하나님 아버지를 모르는
것 같습니다. 이 세상 나라들은 혼란과 증오, 폭력과 전쟁으로
갈가리 찢겨 있습니다. 죽음이 지배하는 곳이 너무 많습니다.
엘살바도르, 북아일랜드, 이란을 비롯한 많은 나라가 오랫동
안 평화를 맛보지 못하고 있습니다. 스페인, 이탈리아, 터키처
럼 대외적으로는 평화롭다고 하는 나라에서도 폭력이 끊이지
않습니다. 미국은 또 어떻습니까? 평화보다 전쟁을 좋아하지
않습니까?

오, 주님. 주의 백성을 구하러 오신 이 세상을 잊지 마소서. 조화롭게 살기 원하지만, 두려움과 분노, 정욕과 폭력, 탐욕과 의심, 질투와 권력욕에 끊임없이 사로잡혀 있는 주의 자녀들에게 등을 돌리지 마소서. 주님의 평화, 우리 힘으로는 만들 수 없는 그 평화를 세상에 주소서. 모든 민족과 민족 지도자의 의식을 일깨우시고, 사랑과 너그러움이 넘쳐 평화를 위해 말하고 행동하는 사람을 일으켜주소서. 증오를 잊고 상처를 치유하고 하나 됨을 회복할 수 있는 새로운 길을 보여주소서. 오, 하나님! 우리를 도우러 오소서. 오, 주님! 속히 우리를 도우소서. 아멘.

6월 29일 금요일
베드로와 바울 사도 대축일

사랑하는 주님, 주님은 활기차고 열정적인 사람들을 택하시어 주님의 말씀을 전파하게 하셨습니다! 베드로는 충동적이고 활동적이고 에너지가 넘치며 매우 열정적입니다. 바울은 예리하고 헌신적이며 비범한 체력의 소유자입니다. 두 사람은 예루살렘에서 로마로 퍼져나간 초기 기독교 공동체를 세운 이들이기도 합니다.

베드로는 주님을 부인했고, 바울은 주님을 따르는 이들을 박해했습니다. 하지만 주님의 얼굴을 보고 주님의 부르심을 듣고, 과거에 주님을 거부했던 열정과 동일한 열정으로 주님을 따랐습니다.

오, 주님. 주님은 우유부단하고 중립적이고 어중간한 사람들을 선택하지 않으셨습니다. 담대하게 말하는 사람, 절망과 희열을 모두 경험할 수 있는 이들을 부르셨습니다.

주님, 이 사실로 저를 위로하시니 감사합니다. 이 길이 위험하다 해도 충만하게 살 수 있는 용기, 이 길이 고통스럽다 해도 활기차게 살 수 있는 용기, 이 길에서 실수한다 해도 스스로 설 수 있는 용기를 주소서. 그럼에도 늘 주를 위해 살게 하소서. 주의 말씀을 전하는 도구로 저를 빚으소서. 아멘.

사랑하는 주님,

주의 능력으로 의사도 고치지 못한

한 여인의 병이 나았고,

한 소녀가 다시 살았습니다.

주님은 하나님이 생명의 하나님이시고,

하나님 안에 죽음이 없음을 드러내셨습니다.

오, 주님.

죽음에 매몰된 이 세상을 어루만지시고

새 생명을 허락해주소서.

죽음의 그늘에서 살아가는 사람,

환자와 죽음을 앞둔 사람,

우울과 절망 속에 있는 사람,

분에 사로잡힌 난폭한 사람에게

생명과 기쁨과 새로운 활력을 주소서.

사방에서 죽음의 힘이 활개 치는 모습을 봅니다.

개인 간의 경쟁과 국가 간의 갈등 속에서

죽음의 힘을 봅니다.

주의 백성이 이 어두운 권세에 굴복하지 않게 하시고,

그들의 몸과 마음과 머리에

주님이 주시는 생명의 능력이 임하게 하소서.

그리하여 주님이 죽은 자들의 하나님이 아니라

산 자들의 하나님이심을 알게 하소서. 아멘.

그가 땅 끝까지 전쟁을 쉬게 하심이여

활을 꺾고 창을 끊으며 수레를 불사르시는도다.

이르시기를 너희는 가만히 있어 내가 하나님 됨을 알지어다.

내가 뭇 나라 중에서 높임을 받으리라.

내가 세계 중에서 높임을 받으리라 하시도다.

시 46:9-10

사랑하는 주님,

도마는 주님을 보고

주님의 상처를 만져보길 원했습니다.

다른 제자들의 열변에 만족할 수 없었던 도마는

오감으로 주의 임재를 체험해보고 싶어 했습니다.

그 심정이 십분 이해가 갑니다.

저 역시 주님을 보고 만지게 해달라고

자주, 간절히 기도했습니다.

그런 저에게 주님은 말씀하셨습니다.

"보지 못하고 믿는 자들은 복되도다"(요 20:29).

보지 못하고 믿는 믿음으로,

직접 오감으로 체험하고 싶어 하는

조급하고 과열된 열망을

내려놓으라고 말씀하시는 건가요?

단순한 믿음으로 살라고 저를 초대하시는 건가요?

주님이 죽으신 뒤에 주님을 목격한 증인,
살아 계신 주님을 보았다는 사실을 토대로
복음을 가르치는 증인에게 복종하라고
저를 초대하시는 건가요?

오, 주님.
제가 믿습니다.
믿음 없는 저를 도와주소서. 아멘.

7월 7일
토요일

사랑하는 주님, 오늘은 빈센트 반 고흐가 한 말을 생각했습니다. "바다에는 썰물도 있고 밀물도 있지만, 바다는 바다일 뿐이다." 주님은 바다이십니다. 저의 내면에는 감정의 기복과 변화가 자주 있지만, 주님은 언제나 변함이 없습니다. 움직이지 않는 바위처럼 변함이 없는 것이 아니라, 충실한 연인처럼 변함이 없습니다.

주님의 사랑으로 제가 생명을 얻었고, 주님의 사랑으로 살아갈 수 있습니다. 주님의 사랑으로 늘 회복됩니다. 살다 보면 슬픈 날도 있고 기쁜 날도 있습니다. 죄책감을 느끼기도 하고 감사를 느끼기도 합니다. 실패할 때도 있고 성공할 때도 있습니다. 하지만 주님의 변함없는 사랑이 그 모두를 품으십니다.

제가 빠지기 쉬운 유일한 유혹은 주님의 사랑을 의심하는 것입니다. 주님의 사랑이 미치지 못하리라 지레짐작하고, 주님의 사랑이 비추시는 치유의 광선을 피합니다. 이런 유혹에 넘어가면 절망의 어둠에 빠져듭니다.

오, 사랑과 선하심의 바다이신 주여. 일상의 폭풍우를 너무 두려워하지 않게 하시고, 썰물과 밀물이 있어도 바다는 늘 그대로임을 알게 하소서. 아멘.

감사하는 마음

7월
—
8월

두려움과 근심은 절대로 우리 곁을 완전히 떠나지 않는다. 하지만 더 깊고 중요한 경험이 나타나면, 서서히 지배력을 잃는다. 그 경험은 바로 감사다. 감사는 삶이 모든 면에서 선물임을 인식하는 것이다. 기도하면서 하나님께 가까이 갈수록 우리에게 주신 선물이 얼마나 풍성한지 더 많이 깨닫는다. 우리는 고통과 슬픔 속에서 이런 선물이 드러나는 것을 발견할지도 모른다. 오랜 시간 우리가 하나님께로 가는 길을 방해하는 듯했던 사건이나 사람, 상황이 오히려 그분과 더 깊이 연합하는 길이 된다는 사실은 영적 삶의 비밀이다. 걸림돌처럼 보였는데, 알고 보니 선물이다. 그래서 감사란 어려움이 계속되어도 즐겁고 평안하게 살게 해주는 마음이다.

사랑하는 주님, 주님의 집에서 온전히 평안을 얻기 전까지는 늘 불안해하고 긴장하고 불만족스러워할 것입니다. 저는 여전히 여행길에 있습니다. 피곤하고 지쳐서 과연 언덕 위에 있는 그 성까지 도달할 수 있을지 의심스럽기만 합니다.

빈센트 반 고흐처럼 저도 길에서 만나는 주님의 천사에게 끊임없이 묻습니다. "이 길은 내내 이렇게 오르막인가요?" 그러면 "네, 끝까지 그렇습니다"라는 대답이 돌아옵니다. 저는 또 묻습니다. "거기까지 가는 데 온종일 걸릴까요?" "그렇습니다, 친구여. 아침부터 밤까지 걸어야 합니다."

주님, 그래서 저는 지쳐서 때로는 낙망하고 화를 내면서 길을 갑니다. 하지만 언젠가는 석양이 아름답게 비추는 머나먼 영원의 나라에 도달하리라는 소망이 늘 있습니다.

저의 삶이 앞으로 쭉 평탄하다거나 마음이 늘 평안하리라는 확신은 없습니다. 하지만 주님이 저를 기다리고 계시고, 주님의 집으로 향하는 지난한 여정을 마쳤을 때 반갑게 맞아주실 것을 확신합니다.

오, 주님. 저에게 용기와 소망과 확신을 주소서. 아멘.

사랑하는 주님, 주님의 말씀을 선포하라고 저를 이 세상에 보
내셨습니다. 그런데 세상 문제가 너무도 복잡해서 주님의 말
씀은 당황스러울 정도로 단순하게 느껴질 때가 많습니다. 세
상의 사회 문제와 경제 문제를 다루는 사람들 틈바구니에서
말문이 막힐 때가 자주 있습니다.

오, 주님. 하지만 주님은 "뱀같이 지혜롭고 비둘기같이 순결하
라"(마 10:16)고 말씀하셨습니다. 이 복잡한 세상에서 순결과
단순함을 잃지 않게 하소서. 세상이 직면한 문제의 다양한 측
면을 더 많이 알도록 공부하고, 현대 사회의 역학 관계를 가능
한 제대로 이해하기 위해 힘써야겠습니다.

하지만 무엇보다 가장 중요한 것은 이 모든 정보와 지식과 통
찰을 통해 주님의 진리를 더 분명하고 정확하게 전할 수 있다
는 것입니다. 악한 세력이 세상의 복잡한 문제로 저를 유혹하

지 않게 하시고, 명쾌하게 생각하고 거침없이 말하고 담대하
게 주님을 섬길 수 있는 힘을 주소서. 뱀의 지혜가 가득한 세
상에서 비둘기의 순결을 보여줄 수 있는 용기를 허락하소서.
아멘.

7월 15일
일요일

사랑하는 주님,

주님은 길을 떠나는 제자들에게

막대기 외에는 아무것도 가져가지 말고

말씀을 전하러 간 집에 머물라고 지시하셨습니다.

제자들은 이처럼 연약하고 남을 의존해야 하는 상황에서

주의 힘과 능력을 드러냈습니다.

사람들에게 회개를 전파하고

귀신을 쫓아내고

수많은 환자에게 기름을 바르고

그들을 고치셨습니다.

몸이든 마음이든 감정이든

그 무거운 짐을 떨쳐내지 못하면,

제가 세운 계획과 일에 정신이 팔려 있다면,

어찌 주님의 진정한 증인이요

사람들의 치유자가 되기를

기대할 수 있겠습니까?

저를 도구 삼으사

고통받는 사람들의 삶을 어루만지길 원하시는 주님!

그렇게 하지 못하도록 방해하는 모든 것을

멀리하게 도우소서.

가난해지는 길을 보여주시어

사람들이 주님의 부요함을 보게 하시고,

약해지는 길을 보여주시어

주님의 강함이 드러나게 하소서. 아멘.

내가 주께 감사하옴은 나를 지으심이 심히 기묘하심이라.

주께서 하시는 일이 기이함을 내 영혼이 잘 아나이다.

시 139:14

사랑하는 주님. 주님과 주님이 스스로 자신을 드러내 보여주신 사람들 외에는 하늘에 계신 아버지를 알지 못합니다. 연구나 영성 토론, 선행으로 하나님을 알려고 하는 것이 얼마나 큰 허세이고 믿음 없는 일인지요? 지금껏 읽은 모든 책, 들은 모든 수업, 참석했던 모든 피정도 하나님을 아는 진정한 지식을 주지 못했습니다. 오직 주님만이 사랑의 아버지를 저에게 보여주실 수 있습니다. 하나님을 아는 것이야말로 주님이 주신 가장 큰 선물입니다.

주님, 이 지식을 어떤 사람에게 허락하기로 작정하셨습니까? 배운 사람과 똑똑한 사람입니까? 아닙니다. 순전한 어린아이, 자신을 의식하지도 않고 스스로는 이해할 수도 상상할 수 없는 선물을 거리낌 없이 받아들이는 사람에게 주셨습니다.

저도 선택해주실 건가요? 하나님에 대한 저의 지식이 하나님을 아는 데 가장 큰 걸림돌이 되지는 않는지 궁금할 때가 종종 있습니다. 오, 주님. 하지만 주님에게는 열지 못하는 문이 없고, 통과하지 못하는 벽이 없습니다. 주님은 제 안에서 사랑의 하나님을 간절히 알고 싶어 하는 어린아이를 찾으실 수 있습니다. 주 예수여, 오셔서 저를 택하소서. 아멘.

7월 19일
목요일

사랑하는 주님. 주님은 "나는 마음이 온유하고 겸손하니 나의 멍에를 메고 내게 배우라"(마 11:29)고 말씀하십니다. 오늘 이 말씀이 마음에 오래 남습니다. 사람들이 자신의 멍에에 대해 불평하는 경우가 얼마나 많은지 깨달았기 때문입니다. 저의 인생과 거기에 따르는 많은 과제를 부담스러워할 때가 얼마나 많은지요. 그 때문에 비관적이 되거나 우울해하고, 내 문제에 관심을 가져달라고 사람들에게 요구하고, 짜증과 불평을 표출하는 데 시간과 힘을 쏟기 일쑤입니다.

주님은 "내가 네 짐을 없애주겠다"고 말씀하시지 않고, "나의 짐을 메라"고 말씀하십니다. 주님이 지셨던 짐이야말로 진정한 짐입니다. 주님은 모든 인간의 죄와 실패를 짊어지셨습니다. 그 짐을 지시고 그 무게에 눌려 돌아가셨습니다. 그렇게 그 짐을 가볍게 만드셨습니다.

오, 주님. 잘못된 짐에서 눈을 돌려 진정한 짐을 보게 하소서. 주님과 하나 되어 주님의 짐을 지게 하소서. 그제야 비로소 쓴 뿌리와 분노의 유혹을 극복하고, 주님을 섬기며 기쁘고 감사하게 살 수 있음을 압니다.

"내 멍에는 쉽고 내 짐은 가벼움이라"(30절)라고 하신 말씀을 더 잘 이해할 수 있게 도와주소서. 아멘.

7월 23일
월요일

사랑하는 주님, 혹여 제가 바리새인처럼 표적을 주시길 바라고 있는 건 아닌가요? 기적적인 치유나 태양의 변화와 같은 엄청난 기적을 바라지는 않지만, 저와 친구들의 마음을 매우 특별하게 만져주시기를 기대할 때가 자주 있습니다. 주님의 사랑과 선하심을 맛볼 수 있도록 내면의 평화와 고요함과 아름다움을 간절히 바랄 때가 있습니다.

오, 주님. 하지만 주님은 요나의 표적, 주님의 죽음과 부활의 표적을 받으라고 말씀하십니다. 제 안팎에서 일어나는 특이한 사건보다는, 큰 물고기 배 속에 있는 고통스러운 경험에서 주님의 임재를 깨닫길 원하십니다. 친구인 우리를 이 세상에서 데려가지 않으시고 우리가 주님과 함께 그 고통을 맛보길 원하십니다. 그리하여 주님의 죽음에 참여함으로써 주님의 부활에도 참여하게 하십니다.

기도하오니, 제가 요나의 표적 이외에는 다른 표적을 의지하지 않는 주님의 신실한 친구가 되게 하소서. 주님이 요나의 표적을 주셨으니 그것으로 충분합니다.

오, 주님. 주님만이 저의 소망이십니다. 아멘.

7월 25일 수요일
야고보 사도 축일

사랑하는 주님. 제자 야고보는 주님의 나라에서 특별한 지위를, 주님과 가까운 자리에 앉기를 바랐습니다. 주님은 그를 특별히 아끼셔서 야이로의 딸을 고치러 가실 때나 기도하러 산에 오르실 때에도 데려가셨습니다. 하지만 주님과 좋은 것을 함께하는 것처럼 고난도 함께해야 한다고 분명히 말씀하셨습니다. 야고보에게 고난의 잔을 마실 수 있느냐고 물으셨을 때, 야고보는 주님의 나라에서 특별한 자리에 앉길 원하는 그만큼 간절히 원한다고 대답했습니다.

주님은 언제 어디서나 주님과 함께하기를 간절한 바란, 이 열정적인 젊은이를 사랑하셨습니다. 주님은 그를 비롯한 모든 제자에게 주님의 나라에서는 권력이 아니라 섬김이 기준이라고 말씀하시고, 영향력 있는 자리에 연연하는 야고보의 마음을 천천히 바꾸셔서 가장 낮은 자리를 추구하게 하셨습니다. 야고보는 주님께 응답했고, 주님을 따랐으며, 주님이 마시던

잔을 마셨습니다. 그는 주님을 위해 목숨을 바친 첫 번째 제자가 되었습니다.

오, 주님. 제자 야고보의 마음을 바꾸신 것처럼 저의 마음을 바꿔주소서. 아멘.

사랑하는 주님,

이 세상의 염려와 부유함이 주는 매혹이

주님의 말씀을 저지할 때가 얼마나 많은지요!

말씀이 깊이 뿌리를 내리고 풍성한 열매를 맺으려면,

자유롭고 열린 마음, 고요한 마음이 필요합니다.

주님, 주님의 말씀에 능력이 있음을 압니다.

마음과 생각을 바꾸시는 그 말씀이

얼마나 강력한지 마치 스스로 말하는 것 같습니다.

하지만 가시밭 같은 마음,

어제 일을 계속 세세하게 되짚고

내일 일을 염려하며 예상하는 마음에

말씀이 떨어지면 어떻게 열매를 맺을 수 있을까요?

죄책감과 질투, 시기, 정욕으로 비뚤어진 마음,

늘 불안해하고 걱정에 휩싸인 마음에 떨어지면 어떨까요?

그런 마음에는 말씀이 열매를

맺지 못하는 게 당연합니다.

오, 주님.
좋은 땅에 떨어지는 씨앗처럼
주님의 말씀을 받을 수 있는 마음을 주소서.
메마른 세상 한가운데
주님의 말씀이 새 생명과 새 사랑을 낳게 하소서. 아멘.

7월 29일
일요일

사랑하는 주님. 주님은 제자들과 조용히 있길 원하셨지만, 그때도 큰 무리가 주님을 따랐습니다. 말씀을 듣고 치유의 손길을 느끼길 원했기 때문입니다. 주님은 목자 없는 양 같은 그들을 불쌍히 여기사 말씀을 가르치시고 병도 고쳐주셨습니다. 저녁이 되어 지치고 배고파하는 그들을 보시고는 풀밭에 앉히신 후 떡과 물고기를 넉넉하게 먹이셔서 새 힘을 얻고 안전하게 집에 돌아가게 하셨습니다.

주님, 음식이나 휴식에 대해 염려하지 않고 주님을 따랐던 사람들이 필요한 것을 모두 받았다는 사실에 놀랐습니다. 호숫가에서 있었던 이 사건을 보면서, 유혹하는 마귀에게 "사람이 떡으로만 살 것이 아니요 하나님의 입으로부터 나오는 모든 말씀으로 살 것이라"(마 4:4)라고 하신 말씀이 떠오릅니다. 말씀에 주린 사람들은 떡도 넉넉히 받습니다. 주님은 먼 곳까지 주님을 따라온 사람들을 끝까지 책임지십니다.

오, 주님. 의식주에 대한 욕구가 주님의 말씀과 치유의 손길을 바라는 욕구를 넘어서지 않게 하소서. 주님을 따르고 싶습니다. 저에게 필요한 것을 필요한 때에 주실 줄 믿습니다.

믿음이 더 깊고 견고해지게 하소서. 아멘.

감사로 제사를 드리는 자가 나를 영화롭게 하나니

그의 행위를 옳게 하는 자에게 내가 하나님의 구원을 보이리라. 시 50:23

사랑하는 주님,

이번 주에는 많은 고통과 어려움이

저의 눈길을 끕니다.

교통사고, 중병, 죽음, 우울증, 믿음 상실,

기도할 수 없는 상태, 무력감을 비롯한

많은 사건과 경험으로 말미암아 주님의 치유와 소망,

믿음과 용기와 힘을 고대합니다.

오, 주님. 주의 사람들과 함께하소서.

두려움과 절망 속에 버려두지 마시고,

주님이 신실하신 하나님이심을 알게 하소서.

주님은 그들과 새 언약을 맺으셨고,

사랑의 약속을 어기지 않으실 것입니다.

오, 주님. 무엇보다도 고난받는 모든 이를 도와주소서.

세상의 모든 고난을 짊어지고

새 생명을 주기 위해 죽으신 주님을 바라봅니다.

고통과 고난을 겪는 사람들이

십자가에서 희망의 징표를 보게 하시고,

신비의 섬광을 예민하게 알아차려

주님의 몸인 교회를 위해 주님이 계속하셔야 할 일을

능히 감당하게 하소서.

고난 속에서 우리가 주님의 지속적인 구원 사역과

긴밀하게 연결될 수 있음을 깨닫게 도우소서.

오, 주님. 고통받는 모든 이에게

무한한 사랑과 긍휼을 보여주소서. 아멘.

사랑하는 주님,

주님은 하나님의 말씀이십니다.

주님을 통해 만물이 창조되었습니다.

강과 나무, 산과 계곡, 새와 말,

밀과 옥수수, 해와 별, 비와 천둥,

바람과 폭풍, 그리고 사람이 창조되었습니다.

남자와 여자, 젊은이와 노인, 흑인과 백인,

갈색머리와 빨강머리, 농부와 교사와 사업가,

수도자와 수녀가 창조되었습니다.

오, 주님.

전능하신 아버지의 말씀으로 만물이 창조되었기에

모든 창조세계 가운데 주님이 계십니다.

전능하신 아버지는 말씀으로 만물을 창조하시고

보기에 좋다고 하셨습니다.

아름다운 만물을 주신 주님께 감사합니다.

예술가, 화가, 조각가, 음악가, 안무가, 작가를 주신

주님을 찬양합니다.

이들의 재능이 저의 눈을 열어준 덕분에

온 우주에 가득한 주님의 빛나는 임재를 볼 수 있습니다.

오, 주님.

전능하신 아버지,

하늘과 땅의 창조주께 영광을 돌립니다. 아멘.

8월 11일
토요일

사랑하는 주님,

수도원에서 지낼 날도 이제 얼마 남지 않았습니다.

며칠 뒤면 공동 기도나 침묵 시간,

아름다운 형제들의 보살핌 같은 혜택을

더 이상 누릴 수 없습니다.

주님이 저를 불러 세우신 자리,

가르치고 설교하고 상담하는 일을 감당하기 위해

분주한 그 자리로 다시 돌아가야 합니다.

하지만 저의 생각과 말과 행동의 중심에

계속해서 주님이 계시기를 원합니다.

이곳에서 느낀 주님의 강력한 임재가

대학에서도 저를 인도해주시기를 원합니다.

무엇보다도 주님과 단둘이 함께하는 시간을

꾸준히 가질 수 있기를 원합니다.

주님의 사랑을 아는 지식이

저의 가슴과 머리를 가득 채우게 하소서.
그래서 주님을 거침없이 당당하고 담대하게
증거하게 하소서.
그리하여 의식적으로든 무의식적으로든
주님을 찾아 헤매는 많은 사람에게
주님의 평화와 기쁨을 전하게 하소서. 아멘.

사랑하는 주님,

제네시 수도원에서 허락하신 시간 덕분에

마음에 감사가 넘칩니다.

원하는 만큼 기도가 깊거나

친밀하지 못했는지도 모릅니다.

사소한 걱정과 염려에 빠져 있던 때도 많았습니다.

그러나 지금 돌아보니 주님이 저에게

진정한 영적 고향을 주셨다는 생각이 듭니다.

저를 가족처럼 생각하고

어딜 가든 저를 챙기는 형제들을 주셨습니다.

이제는 언제 다시 돌아와도 환영받고,

언제든 기도를 요청할 수 있고,

여기 있는 형제들의 강력한 영적 후원을

의지할 수 있다는 사실을 압니다.

주님,

이 귀한 은혜에 감사드립니다.

이 선물을 받기에 합당한 선생으로

남은 생을 살아가게 하시고,

이 형제들에게 끝까지 신실하며,

저에게 보내주신 모든 사람을 통해 경험한 새 힘을

나누며 살아가게 하소서.

오, 주님.

주님의 사랑을 저에게 분명하게 보여준 모든 형제에게

풍성한 복을 내려주소서. 아멘.

이 책에 실린 기도는 주님께 편지를 쓰는 실험의 결과물이다. 6개월간 쓴 기도를 돌아보면서 여기 실린 기도가 드러내는 것보다 숨기는 것이 더 많다는 사실을 깨달았다. 이 기도는 두려워하는 마음, 긍휼을 구하는 기도, 희망의 빛줄기, 성령의 능력, 세상의 필요, 감사하는 마음을 드러낸다. 또 자기 안에만 매몰되는 자아성찰로부터 타인의 고통에 마음을 내어주고 감사함으로 은혜에 반응하는 내면의 자유를 찾아가는 과정을 드러낸다. 그러나 나는 여전히 숨어 있는 것이 기도임을 절실히 깨닫는다.

1년이 지나 기도를 다시 읽으면서 나의 언어가 침묵의 공간을 둘러싼 벽에 불과하다는 사실을 깨달았다. 여기 실린 기도는 기도를 위한 배경에 불과하다. 분명해진 것이 있다면, 나는 기도할 수 없지만 하나님의 성령이 내 안에서 기도하신다는 사실이다. 성령의 기도는 말로 표현할 수가 없다. 그 기도는 마음을 살피는 말 앞에, 말 사이에, 말 너머에 있는 침묵 속에 있다. 기도는 하나님의 성령이 우리 안에서 숨 쉬시는 것이다. 기도는 우리 마음 가장 깊은 곳에서 "아바, 아버지" 하고 터져 나오는 성령의 외침이다. 기도는 우리 안에 계시는 거룩한 생명, 인간의 모든 감각을 초월하기에 우리가 희미하게만 인식할 수 있는 생명이다. 따라서 나는 여기에 실린 기도가 글로는 절대 드러날 수 없는 하나님의 기도를 숨기고 있다고 말할 수밖에 없다.

생명의 주님이 삶 안에서, 그리고 삶을 통해서만 알려진다는 사실은 생의 신비다. 구체적으로 일상을 살아가지 않고는 우리를 붙들고 계신 하나님의 사랑을 경험할 수 없다. 우리의 부족한 사랑의 실천이 하나님의 무한한 사랑을 우리에게 드러낸다. 우리의 작은 보살핌이 주님의 무한한 돌보심을 드러낸다. 떨며 머뭇거리는 우리의 말이 우리를 인도하시는, 두려움

없는 하나님의 말씀을 드러낸다. 깨지고 연약하고 유한한 우리의 존재를 통해 영원하신 하나님의 치유 능력이 우리에게 드러난다. 그러므로 우리는 날마다 모든 삶, 기쁨과 슬픔, 성공과 실패, 희망과 두려움을 주께 바치도록 부름을 받는다. 우리는 더듬거리는 말, 세련되지 못한 표현과 같은 제한된 수단으로 그 일을 수행할 수밖에 없다. 그렇게 함으로써 우리는 우리 안에서 끊임없이 기도하시는 하나님의 성령을 머리와 가슴으로 알게 된다. 우리가 드리는 많은 기도는 사실 우리가 기도할 수 없다는 고백에 불과하다. 그러나 그 고백을 통해 우리를 긍휼히 여기시는 하나님의 임재를 느낄 수 있다. 우리의 기도는 우리 개인의 삶만큼이나 독특하다. 이 책에 실린 기도는 한 사람의 기도다. 더 많은 사람이 더 많은 기도를 올려서, 말로는 표현할 수 없는 하나님의 영원한 기도가 끊임없이 드러나기를 바란다.

감 사 의   말

많은 사람의 도움과 격려로 이 책이 세상에 나올 수 있었다.
많은 기도 중에서 내가 아닌 다른 사람에게 어쩌면 더 의미가
있을지도 모르는 기도를 선별하는 작업을 도와준 존 가비 주
교와 뉴 헤이븐에 있는 커버넌트 피스 커뮤니티, 워싱턴 D. C.
소저너스 커뮤니티의 친구들에게 고마운 마음을 전한다. 이들
의 제안과 권고가 책을 마무리하는 데 많은 도움이 되었다. 기
도문을 다듬는 마지막 과정을 도와준 그레고리 영차일드와
존 모가브가브, 원고를 타이핑하고 교정해준 로버트 무어와
캐럴 플랜팅가에게도 고마움을 전한다. 언제나처럼 비판적으
로 원고를 읽고 유익한 제안을 해준 필 재더에게 특별히 감사
한다. 인상적인 그림을 그려준 얼 톨랜더, 편집 디자인에 많은
시간과 공을 들인 더블데이 출판사의 로버트 헬러와 다이애
나 클레민에게도 진심으로 감사한다.

누구보다 이 책의 출판 과정에서 중요한 역할을 한 호세 누니

에에게 감사한다. 그가 기도문의 최종 선별 작업을 맡아서 어떻게 장을 나눌지 제안하고 주요 틀을 잡았다. 이 기도를 출판하자고 나를 격려하고 설득한 것도 그였다. 출판 과정뿐 아니라, 예일 신학대학교에서 보낸 마지막 3년 동안 우정을 나누며 나를 지지해준 그에게 고마움을 전한다.

나에게 성직의 길을 보여주고, 1981년 1월 1일에 숨을 거두기까지 나의 사역과 소명을 위해 기도로 후원해준 툰 람셀라 삼촌에게 이 책을 바친다.

두 번째 방문은 첫 번째 때와는 완전히 달랐다.

수도원 생활이 더는 낯설지 않고 아주 친근하게 다가왔다.

모든 것이 그대로였다.

익숙한 사람과 익숙한 공간, 익숙한 일 덕분에

이런저런 설명을 듣는 과정을 생략하고

오로지 기도 가운데 하나님과 함께하는 데만 집중할 수 있었다.

수도원 생활은 한결같은 리듬으로 흘러갔고,

그 리듬은 내가 다시 돌아와 당신과 단둘이 더 많은 시간을

보내길 원하시는 주님의 한결같음을 상기시켰다.